Prinz Max von Baden

Die moralische Offensive
Deutschlands Kampf um sein Recht

Baden, Prinz Max von: Die moralische Offensive. Deutschlands
Kampf um sein Recht
Hamburg, SEVERUS Verlag 2011.
Nachdruck der Originalausgabe von 1921.

ISBN: 978-3-86347-144-6
Druck: SEVERUS Verlag, Hamburg 2011

Der SEVERUS Verlag ist ein Imprint der Diplomica Verlag GmbH.

Bibliografische Information der Deutschen Nationalbibliothek:
Die Deutsche Nationalbibliothek verzeichnet diese Publikation in der
Deutschen Nationalbibliografie; detaillierte bibliografische Daten sind
im Internet über http://dnb.d-nb.de abrufbar.

© **SEVERUS Verlag**
http://www.severus-verlag.de, Hamburg 2011
Printed in Germany
Alle Rechte vorbehalten.

Der SEVERUS Verlag übernimmt keine juristische Verantwortung
oder irgendeine Haftung für evtl. fehlerhafte Angaben und deren
Folgen.

Die moralische Offensive

Die moralische Offensive

Deutschlands Kampf um sein Recht

Von

Prinz Max von Baden

I.

Es ist jetzt eine Bewegung in der internationalen Situation zu spüren, als ob ihre Starrheit sich auflösen wolle. England und Amerika haben Anfang Mai die Besetzung des Ruhrgebiets verhindert, die Frankreich um jeden Preis durchsetzen wollte. Bis weit in englische Regierungskreise hinein ist heute der Wunsch vorhanden, Oberschlesien für Deutschland, d. h. für das europäische Wirtschaftsleben zu retten. Frankreich hatte einen großen Schreck bekommen. Die Chauvinisten hielten es für kurze Zeitlang nötig, das Wort „europäische Verständigung" in ihr Vokabularium aufzunehmen. Ja, es wagten sich sogar ernsthafte Zweifel hervor, ob sich die Politik der Zerstörung Mitteleuropas mit der Aufrechterhaltung der Entente vereinigen ließe.

Wir haben in Frankreich eine Anzahl bedeutender Persönlichkeiten, die einer gerechten und menschlichen Politik das Wort reden, aber sie sind fürs erste zur politischen Ohnmacht verurteilt.

Der Schlüssel der Lage liegt bei den Angelsachsen. In erster Linie bei England. Wenn Frankreich sich dieses Bundesgenossen bedingungslos sicher fühlt, dann wird es doch eines schönen Tages der Versuchung unterliegen, mit Deutschland ein Ende zu machen.

Wir dürfen uns keine Illusionen machen. Es wäre vollständig verfehlt, wollten wir heute auf eine gewisse heilsame Entwicklung in der englischen Politik vertrauen, die gewissermaßen naturnotwendig aus den gegebenen Ansätzen

folgen und schließlich Deutschland die Rettung bringen würde.
Es kann gerade in der englischen Politik morgen alles
wieder beim alten sein und die Einheitsfront gegen Deutschland so fest stehen wie nur je. Wir dürfen nicht vergessen,
daß es nicht nur der Kriegsfanatismus ist, der in England
einer gerechten Politik gegen Deutschland entgegensteht,
sondern daß starke Nützlichkeitserwägungen des Augenblicks
dazu drängen, Frankreich in Europa gewähren zu lassen. Ich
denke nicht allein an die Interessentengruppen, die von einer
andauernden Lähmung der deutschen Industrie persönlichen
Vorteil ziehen. Sie hatten vor dem Kriege keinen maß-
gebenden Einfluß auf die englische Politik. Die Kriegspsychose
hat ihnen zur Macht verholfen. Heute speisen sie Lloyd
Georges persönliche Parteikasse, die sehr leer war, nachdem sich
Asquith bei dem Bruch im Dezember 1916 geistesgegenwärtig
der offiziellen liberalen Parteikasse bemächtigt hatte. — Ich
denke vielmehr in erster Linie an die Imperialisten des Ostens.
Diese Männer, an der Spitze Churchill, wollten schon während
des Krieges die militärische Entscheidung im Mittleren Osten
suchen. Die Eroberung Palästinas als Bollwerk des Suez-
kanals galt ihnen mehr als jeder Sieg in Flandern, und sie
sehen den großen Gewinn des Weltkrieges für England darin,
daß der langersehnte Landweg nach Indien Wirklichkeit wird.
Bei den schon vollzogenen und noch bevorstehenden Neu-
gründungen von Vasallenstaaten (Palästina, Arabien, Meso-
potamien) stehen nun französische Interessen und französische
Eitelkeit hindernd im Wege. Ich erinnere nur daran, daß
der in Aussicht genommene König Mesopotamiens der be-
deutende arabische Führer Emir Feisal im syrischen Aufstand
gegen Frankreich gekämpft hat. Überdies hat Frankreich
bestimmte Versprechungen für den Osten erhalten. Von
französischer Seite kommt der offene Vorwurf: Ihr habt euer
großes Kriegsziel erreicht, wir aber nicht das linke Rheinufer.
Da geben die Fanatiker des Mittleren Ostens den Rat,

Frankreichs Gefügigkeit im Orient mit Englands Passivität in Europa zu erkaufen.

Man hat neulich in Deutschland sehr viel Aufhebens davon gemacht, daß Churchill einer Politik der Versöhnung zwischen Frankreich, England und Deutschland das Wort geredet hat. Aber beinahe gleichzeitig hat er in einer Rede im Unterhaus erklärt, wie wichtig für seine Politik im Osten die Zusammenarbeit mit den Franzosen ist, gerade auch mit den französischen Truppen.

Ich persönlich zweifle nicht daran, daß Churchill zwar die Verständigung in Europa für erstrebenswert, die Verständigung zwischen Frankreich und England im Mittleren Osten aber für lebenswichtig hält. Man höre die Worte:

„Es wäre eine tiefe Schädigung sowohl für Frankreich wie für Großbritannien, wenn wir außerstande sein sollten, im Mittleren Osten zusammenzuarbeiten, in einem Augenblick, wo wir unsere militärischen Kräfte und die schweren Ausgaben, welche beide Länder dort auf sich nehmen, herabsetzen möchten. Wenn wir unsere Stellung dort erhalten wollen und unserer Verantwortlichkeit im Mittleren Osten gerecht werden, dann müssen England und Frankreich zusammenarbeiten und eine Politik der Beruhigung gegen die Türken sowohl wie gegen die Araber verfolgen." („Times" vom 15. Juni 1921.)

Freilich steht diesen Imperialisten, für die das Sichdehnen und Wachsen der englischen Macht alles ist, die nüchterne Erwägung entgegen, daß das Wirtschaftsleben im Herzen des Reichs heute krank ist und daß man in erster Linie hier Heilmittel suchen muß. Fast jeder Unterhauskandidat, der heute die Parole gegen die Regierungsverschwendung aufgreift, scheint eine Mehrheit zu bekommen. Bald sind es Arbeitervertreter, bald Liberale, ja selbst Konservative bedienen sich dieses Schlagwortes, und immer ist der Erfolg verblüffend. Es ist ja nun klar, daß der Feldzug gegen die Verschwendung der Regierung nur an Symptomen herumkuriert, und eigentlich müßte sich die Binsenwahrheit bald durchsetzen, daß ohne eine Gesundung des europäischen Wirtschaftslebens der erschreckende Rückgang der englischen Staatseinnahmen weitergehen und alle etwaigen Ersparnisse weit überholen wird.

So brauchte uns nicht bange zu sein, wenn es sich lediglich um eine Abwägung von Vernunftgründen handelte. Aber die englische Staatskunst, die nach bestem Wissen und Gewissen unbehelligt von Tagesmeinungen entschied, ist nicht mehr. Lord Cromer hat recht mit dem Wort, das er kurz vor seinem Tode sprach:

"Es gibt heute in England keine Massenbezwinger mehr, sondern nur noch Massenexponenten."

Auch Lloyd George ist kein Massenbezwinger. Er war es einmal im Burenkrieg, als er um seiner Überzeugung willen den Volksleidenschaften trotzte. Aber heute liebt er die Macht, für ihn gibt es nur noch Opportunismus und Taktik. So wird der Streit zwischen den verschiedenen Richtungen nicht im Beratungszimmer, sondern in der öffentlichen Meinung ausgefochten.

Und da müssen wir der Tatsache ins Auge sehen, daß die Anhänger der französischen Politik einen ungeheuren Vorsprung haben. Sie sind jederzeit in der Lage, die Kriegsleidenschaften wieder loszulassen und damit alle Vernunftgründe zu überschwemmen. Die bestgeleiteten Zeitungen stehen ihnen zur Verfügung. Sie bringen es im Nu fertig, durch ein paar wohlgezielte Schlagwörter alle Sentimentalitäten der Waffenbrüderschaft, alle Gefühle des Hasses gegen den Feind aufzurühren und damit solche Zwangssuggestionen in die Öffentlichkeit zu werfen, daß die Opposition gegen die französische Politik lahm und schüchtern wird und sich mit platonischen Protesten begnügt.

Ich möchte nun an einem Beispiel erläutern, welche Hindernisse einem englischen Minister entgegenstehen, der aus seiner Einsicht die praktischen Konsequenzen ziehen will.

Es ist gerade acht Wochen her, daß Lloyd George seine temperamentvolle Rede gegen die Polen hielt — er muß eine große Wut auf die Franzosen gehabt haben:

„Entweder sollten die Alliierten darauf bestehen, daß der Vertrag respektiert wird, oder sie sollten den Deutschen erlauben, es zu tun. Deutschland nicht nur zu entwaffnen, sondern zu sagen, die Truppen, die es noch hat, sollen nicht die Erlaubnis haben, bei der Wiederherstellung der Ordnung mitzuwirken in einer Provinz, die, bis die Entscheidung gefallen ist, die seine ist ... das ist nicht fair." (14. Mai 1921.)

Er sprach diese Worte damals in einer seltenen Einmütigkeit von Presse und Parlament. Inzwischen haben es Lord Northcliffe und die „Morning Post" fertig gebracht, eine Deutschenhetze großen Stils einzuleiten. In erster Linie wurden die Kriegsverbrecherprozesse ausgeschlachtet, dann wurde mit Unterstützung der deutschen Unabhängigen eine gewaltige Agitation gegen den deutschen Selbstschutz in Oberschlesien in Gang gebracht. Das Resultat ist: Heute wäre es für Lloyd George eine glatte Unmöglichkeit, erneut vor das Parlament zu treten und zu sagen: „Wir müssen den Deutschen erlauben, sich in Oberschlesien zu verteidigen."

Ein weiteres Beispiel soll zeigen, wie schwer es den gutgesinnten Menschen aus den feindlichen Ländern gemacht wird, in ihrer Heimat mit den in Europa gewonnenen Erfahrungen und Aufklärungen durchzubringen.

Immer wieder kommen hilfsbereite Christen aus England und Amerika nach Deutschland und stehen ganz erschüttert vor den Folgen der Blockade, vor dem Sterben und Verderben, das heute noch in Mitteleuropa vor sich geht. Es springt dann bei ihnen ein großer Wille zur Hilfe auf und sie vermeinen, wenn sie nach Hause kommen, Berge versetzen zu können. Und dann folgt regelmäßig die Enttäuschung: Wir kommen nicht durch durch die Gleichgültigkeit gegen das deutsche Schicksal. Wohl regt sich das Gewissen, wohl regt sich Mitleid, aber es bleibt immer nur bei Wallungen. Es kommt nicht zur Tat, und wenn wir nachforschen nach den Gründen dieser lähmenden Gleichgültigkeit, so ist es immer das gleiche. Eine Stimmung, die sich etwa in die Worte kleiden läßt: „Es sind ja nur Deutsche, die zugrunde gehen, und es erfüllt sich letzthin nur die göttliche Gerechtigkeit, wenn die Nation leidet, die das große Leiden über die Menschheit gebracht hat." Es ist mit einem Worte der Glaube an die deutsche Schuld. Er sitzt fest im Bewußtsein der angelsächsischen Völker und liefert die Leidenschaften, welche die französische Richtung braucht.

II.

Max Weber hat in Versailles das prophetische Wort gesprochen:

„Seien wir doch froh, daß wir diesen Schmach=
paragraphen 232 in dem Friedensvertrag haben, der
von Deutschland das Eingeständnis der Schuld verlangt.
Das ermöglicht uns zu gegebener Stunde die Wieder=
aufnahme des Verfahrens zu fordern."

Ich setze an die Seite dieses Ausspruchs die aufgeregten Worte Lloyd Georges, die er dem Reichsminister Simons entgegenschleuderte:

„Für die Alliierten ist Deutschlands alleinige Schuld
grundlegend. Sie ist die Basis, auf der das Gebäude
des Vertrages errichtet ist, und wenn diese Anerkennung
verweigert oder angetastet wird, so ist der Vertrag
hinfällig."

Und dann herrscht er Simons an:

„Die Frage der Verantwortung ist eine chose jugée."

Lloyd George denkt dabei weniger an die juristische als an die psychologische Grundlage des Friedensvertrages von Versailles, d. h. er denkt an die Wut, den Haß, die Rachsucht gegen Deutschland, jene Stimmungen, die es den alliierten Regierungen ermöglichten, den Wortbruch von Versailles vor den Völkern zu rechtfertigen und dann immer wieder aufs neue praktische Konsequenzen aus dem Versailler Frieden zu ziehen, die unser Leben als Nation bedrohen.

Max Weber und Lloyd George weisen dem deutschen Volk den Weg ins Freie.

Wir müssen den Fluch abtragen, der auf dem deutschen Namen ruht.

Es gibt hier zwei gewichtige Einwände, denen wir gleich zu Anfang begegnen müssen und die beide uns von dem Unternehmen abbringen wollen, den moralischen Kampf gegen den Vertrag von Versailles zu führen.

Der erste Einwand findet zwar in Deutschland starke Resonanz, stammt aber ursprünglich aus England. Er sagt: Reizt die Gegner nicht durch Rechthaberei in der Schuldfrage. Ihr zerstört die Unterhändleratmosphäre. Habt Ihr nicht schon gesehen, wie wütend Lloyd George wurde? Ihr kommt nur weiter durch eine Bescheidenheit, wie sie dem Besiegten angemessen ist. Regt die Nützlichkeitserwägungen der Sieger an. Sprecht von wirtschaftlicher Solidarität. Schildert auch Eure Leiden. Das Erlöschen Eures Glückes, Eurer Größe und Kraft wird die Sühne sein, die eine verzeihende Stimmung bei den Feinden auslöst. Nur die Zeit kann es machen. Aber langweilt und ärgert die Gegner nicht mit der Schuldfrage; je weniger Ihr davon sprecht, desto besser.

Ich habe die Antwort auf diesen Einwand eigentlich schon vorweggenommen: Mitleid und Vernunftgründe sind solange ohnmächtig, als es die Hetzer in der Hand haben, jeden Augenblick das englische Volk in sinnlose Wut gegen uns zu versetzen.

Aber ich halte diese Einflüsterung für sehr gefährlich. Ich will nicht sagen, daß alle Ausländer, die uns den Rat geben, von der Schuldfrage zu schweigen, bösen Willens sind. Ich hörte ihn z. B. von einem einstigen Führer des englischen Wirtschaftslebens, an dessen Lauterkeit nicht zu zweifeln ist. Aber wissend oder unwissend stehen doch alle diese Ratgeber im Dienste des englischen Imperialismus, dessen große Kunst es einmal ist, die Wunden zu heilen, die er geschlagen hat, sodann aber auch seine Opfer in das Schweigen hineinzuködern. Cavell, Lusitania, Fryatt sollen die Gemüter der englischen Kinder noch nach Jahrhunderten aufregen, aber es ist taktlos, wenn Deutschland von Baralong oder King Stephen oder von den Toten von Scapa Flow spricht. Diese Suggestion zu vermitteln, verlangt der Selbsterhaltungstrieb des englischen Seelenfriedens, und dieser Seelenfriede ist eine der Säulen des englischen Imperiums.

Der zweite Einwand droht uns vollends zu entmutigen: Die Lüge von der Schuld Deutschlands sitzt so fest, daß nichts sie mehr entwurzeln kann. Ihr könnt mit Menschen- und mit Engelszungen reden, Ihr werdet für den deutschen Standpunkt kein Gehör erzwingen. Es ist ja schon alles versucht worden. Deutschland hat Millionen um Millionen ausgegeben: Eure besten Federn waren an der Arbeit. Die Feinde haben einmal den gewaltigen Vorsprung, und der Sieger hat Recht.

Ich möchte zunächst zur Widerlegung das Wort von Bernard Shaw anführen, das dieser während des Krieges in einem offenen Brief an die „Times" gesprochen hat:

„Wenn der deutschen Propaganda das Geld ausginge, so müßte man sie subsidieren."

In der Tat, unsere Kriegspropaganda arbeitete zunächst ohne jede Kenntnis der Psyche der feindlichen Völker, auf die sie wirken wollte. Sie war auf dem ganz primitiven Standpunkt: Nur immer stramm dementieren. Ich erinnere an das Professorenmanifest: „An die Kulturwelt" vom 2. Oktober 1914, das Kriegsgreuel leugnen wollte und selbst zu einem berühmten Kriegsgreuel wurde.[1]) Ich leugne nicht, daß später viel Gutes von den besten Federn zugunsten der Wahrheit und des Rechts gesagt worden ist. Aber das allein reicht nicht aus, es muß die öffentliche Aufmerksamkeit für die Wahrheit erzwungen werden, und dafür gab es während des Krieges einzigartige Gelegenheiten, die immer wieder verpaßt wurden:

Wenn ein deutscher Staatsmann während des Krieges sprach, so war das ein dramatischer Augenblick, der die ganze Welt aufhorchen ließ. Was erzwang ihm das Gehör? Es war die Friedenssehnsucht, die unbewußt die ganze Zeit hindurch auf der Lauer lag, ob nicht vielleicht doch ein heilendes Wort gesprochen würde, das einen Weg aus dem Krieg zeigte, ehe er bis zu seiner letzten furchtbaren Konsequenz durchgeführt wurde. Diese leidenschaftlich gespannte Aufmerksamkeit mußte genutzt werden. Es galt, unabhängig von der Friedensfrage, in präzisen Einzelheiten Material vorzubringen, das einmal geeignet war, unseren guten Namen wieder aufzurichten und andererseits die feindliche Richterpose zu zerstören.

Ich halte es der Mühe für wert, einige dieser Versäumnisse, deren sich die deutschen Regierungen im Kriege schuldig gemacht haben, in die Erinnerung zu rufen.

1. Heute gelten wohl allgemein als stärkster Beweis dafür, daß Deutschland in den letzten Julitagen 1914 für den Frieden gekämpft hat, Bethmann Hollwegs Instruktionen an den Botschafter v. Tschirschky, die die österreichische Nachgiebigkeit

---

[1]) Es heißt, daß in der damaligen Aufregung mehrere der Unterzeichner ihre Unterschrift gaben, ohne den Wortlaut zu kennen.

erzwingen wollten. Das eindruckvollste Dokument ist die Depesche an den deutschen Botschafter vom 30. Juli 1914, die mit den Worten endet:

> „Wir sind zwar bereit, unsere Bündnispflicht zu erfüllen, müssen es aber ablehnen, uns von Wien leichtfertig und ohne Beachtung unserer Ratschläge in einen Weltbrand hineinziehen zu lassen."

Es ist der Notschrei eines Mannes, dessen ganze Seele am Frieden hängt, und sie ist zur Charakterisierung Bethmanns ebenso unentbehrlich wie die berühmte Nummer 101 des englischen Blaubuches zur Charakterisierung Greys.[1] Man kann es heute kaum fassen, daß jene Depesche sich in dem ersten deutschen Weißbuch nicht findet. Sie war am Vorabend des Krieges vom Auswärtigen Amt der „Westminster Gazette" zur Verfügung gestellt worden und wurde dann aus den offiziellen Veröffentlichungen weggelassen. Nun war der ideale Tummelplatz für die feindliche Propaganda

---

[1] „Und dieses will ich sagen: Wenn der Friede Europas erhalten werden kann und wir über die jetzige Krisis heil hinwegkommen, so wird es mein eigenes Bemühen sein, irgendeine Vereinbarung zustande zu bringen, an welcher Deutschland Teilhaber sein könnte, und durch welche es sich versichert fühlen könnte, daß keine angriffslustige oder feindliche Politik gegen es oder seine Verbündeten von Frankreich, Rußland oder uns selbst, gemeinsam oder einzeln verfolgt werden würde. Ich habe dies gewünscht und dafür gearbeitet, soweit ich es konnte, während der ganzen letzten Balkankrisis, und da Deutschland ein entsprechendes Ziel verfolgte, so besserten sich unsere Beziehungen merklich. Der Gedanke ist bisher zu utopisch gewesen, um Gegenstand bestimmter Vorschläge zu werden, aber wenn die gegenwärtige Krisis, die soviel schärfer ist als irgendeine, durch die Europa seit Generationen hindurchgegangen ist, glücklich vorbeigeht, so bin ich der Hoffnung, daß die Entspannung und Rückwirkung, welche folgen werden, eine bestimmtere Annäherung zwischen den Mächten möglich machen könnten, als es bisher möglich gewesen ist." (Sir Edward Grey an Sir Edward Goschen, britischen Botschafter in Berlin, 30. Juli 1914.)

gerade jenes Dunkel, welches über dem deutsch-österreichischen Meinungsaustausch schwebte. „Warum hören wir nichts von dem deutsch-österreichischen Depeschenwechsel?" Diese Frage wurde zum Schlagwort. Schließlich hieß es allgemein: Deutschland hat Österreich aufgehetzt. Die sogenannte „Westminster Gazette"-Depesche war allerdings hier und dort bekannt und wurde als störend empfunden. Da wurde nun in der „Westminster Gazette", dem Organ Greys, der Ausweg vorgeschlagen, sie sei entweder gefälscht oder durch eine Gegenorder in ihrer Wirkung aufgehoben worden. Die deutsche Regierung schwieg ein Jahr lang, bis sich endlich auf wiederholtes Drängen Herr v. Bethmann Hollweg am 19. August 1915 entschloß, die Echtheit dieser Depesche zu bekräftigen. Er tat dies mit so überzeugender Kraft, daß nachher niemand mehr wagte, Authentizität oder bona fides der Depesche anzuzweifeln. Ebenso unverständlich wie das deutsche Schweigen war seine Begründung: Rücksicht auf Österreichs Empfindlichkeit. (NB. Sie ging so weit, daß Bethmann auch noch bei der Verlesung der Depesche im Reichstag das Wort „leichtfertig" unterdrückte.) Dabei waren wir wie gewöhnlich viel päpstlicher als der Papst. Als man sich endlich entschloß, die österreichische Genehmigung zur Veröffentlichung der Depesche zu erbitten, wurde sie, wie mir zuverlässig berichtet worden ist, anstandslos erteilt.

2. **Die deutsche Regierung — und das nehme ich schwerer als alles andere — hat die englische Herausforderung in der Schuldfrage, die Grey am 23. Oktober 1916 hinwarf, so gut wie abgelehnt.** Sir Edward Grey sprach damals die denkwürdigen Worte:

„Ich wünsche nichts sehnlicher, als daß die beiden Behauptungen, die russische Mobilmachung wäre eine aggressive und keine defensive Maßnahme, und irgendeine andere Macht als Deutschland hätte um die belgische

Neutralität gefeilscht oder einen Angriff durch Belgien geplant, von einem unparteiischen Tribunal nachgeprüft würden."

Die Regierung wurde damals von einer mir nahestehenden Gruppe beschworen, in präziser Form diese Herausforderung anzunehmen, d. h. umgehende Erfüllung des Greyschen Wunsches, nämlich die Einsetzung eines unparteiischen Tribunals zur Untersuchung dieser beiden Fragen zu fordern. Damals war eine einzigartige Gelegenheit gegeben, einen Präzedenzfall für einen Kompromiß zu schaffen, denn in der einen Frage hätten wir gewonnen und in der anderen verloren. Das Auswärtige Amt schwankte; schließlich war alles, was Bethmann Hollweg herausbrachte: „Wir scheuen kein Tribunal." (9. November 1916.)

Ich bin heute überzeugt davon, daß Grey nicht ohne den Nebengedanken einer möglichen Entspannung der Lage seinen Vorschlag gemacht hat. Von der Frage: War dieser Krieg zu vermeiden? war es nicht weit zu der anderen: Ist er nicht zu beendigen? Ich werde in dieser Auffassung bestärkt einmal durch die Tatsache, daß Grey kurz darauf gestürzt wurde, weil er einen Frieden durch Unterhandlungen begünstigte, und dann durch eine merkwürdige Äußerung, die sich in dem Greyschen Organ, der „Westminster Gazette", im Januar 1917 findet. Professor Hans Delbrück hatte in einem seiner weisen und warnenden Artikel in den „Preußischen Jahrbüchern" einer gerechteren Beurteilung Sir Edward Greys den Weg bahnen wollen und zu Greys Herausforderung die Frage aufgeworfen: „Heuchelt Grey, wenn er eine unparteiische Untersuchung der Ereignisse forderte, die zum Krieg geführt haben, fühlt er sich wirklich unschuldig, oder ist er sich vielleicht bereits klar über die Bedeutung und den Ursprung der russischen Mobilmachung und wünscht er, daß die öffentliche Meinung in England dies ebenfalls einsehe?" (November-Heft 1916).

Merkwürdigerweise wurden diese Worte Hans Delbrücks von der „Westminster Gazette" nicht, wie man erwarten sollte, mit Entrüstung zurückgewiesen, sondern mit der Anmerkung versehen: „Wir fühlen, daß wir es hier mit einem Schriftsteller zu tun haben, der ernstlich und ehrlich versucht, zur Wahrheit vorzudringen." Ich bemerke noch, daß dieser Artikel von dem Vertrauensmann des englischen Auswärtigen Amtes, dem Professor Headlam, geschrieben war, der später in Versailles Sachverständiger in der Schuldfrage wurde.

Dieser echt Greysche Gedanke, während des Krieges ein unparteiisches Schiedsgericht zur Entscheidung umstrittener Tatsachenfragen einzusetzen, wurde nicht zum erstenmal in jener berühmten Bankettrede in die Öffentlichkeit geworfen. Es geschah schon einmal in einer Note des englischen Auswärtigen Amtes vom 5. Januar 1916 zur Beantwortung unserer Anklage im Baralong-Fall. Grey schlug damals vor, die deutsche Beschuldigung zugleich mit den englischen Anklagen wegen der Versenkung der „Arabic", des Angriffs auf den unbewaffneten Dampfer „Ruol" und der Beschießung eines englischen Unterseebootes an der dänischen Küste durch einen deutschen Torpedobootszerstörer einem amerikanischen Schiedsgericht zu unterwerfen.

Wohl möglich, daß damals Grey diesen Vorschlag machte, um seine moralische Offensive gegen Deutschland zu fördern. Wir aber mußten aus Gründen der Abwehr wie des Angriffs ihn beim Wort nehmen. Anstatt dessen antwortete die Regierung mit der Verwerfung seines Vorschlags, den sie offenbar nicht für ernst gemeint hielt.

3. Die deutsche Regierung hat auch die ganze Amtsperiode des Staatssekretärs Kühlmann verstreichen lassen, ohne den Kampf für unseren guten Namen aufzunehmen. Alle Bemühungen, Herrn v. Kühlmann dazu zu bewegen, in der Schuld- und Greuelfrage etwas zu tun, waren vergeblich. Er hat es einmal selbst ausgesprochen, daß er es

ablehne, eine Politik mit Rücksicht auf die öffentliche Meinung in Feindesland zu treiben. Sein Augenmerk war dauernd auf die Möglichkeit eines direkten Meinungsaustausches mit der englischen Regierung gerichtet, die er auf keinen Fall reizen wollte durch Berühren unliebsamer Gebiete. Er war sich dabei der Wahrheit nicht bewußt, daß ohne einen vorangehenden Umschwung in der öffentlichen Meinung selbst eine englische Regierung, die es gewollt hätte, nicht in der Lage gewesen wäre, einen Verständigungsfrieden zu schließen.

4. Auch die Oktoberregierung hat die Unterlassungssünde begangen, nicht eine unparteiische Untersuchung der Schuldfrage zu verlangen. Schon bei Annahme der 14 Punkte hätte man als 15. Punkt von deutscher Seite diese Forderung aufstellen sollen. Zum mindesten aber mußte die Note Wilsons vom 14. Oktober 1918, darin er anläßlich der Versenkung der „Leinster" und der Zerstörungen beim Rückzug der deutschen Truppen allgemeine Anklagen gegen das deutsche Heer erhob, von deutscher Seite mit der Forderung beantwortet werden: „daß auf der Friedenskonferenz neutrale Kommissionen mit der Untersuchung aller Beschuldigungen von Greueltaten und Völkerrechtsverletzungen, die während des Krieges von den Kriegführenden gegeneinander erhoben worden sind, betraut werden möchten, damit eine unparteiische Aufklärung auf allen Seiten die Schuldigen wie die Verleumder bloßstelle".

Es ist hier nicht der Ort, Aufklärung darüber zu bringen, warum auch diese Gelegenheit verpaßt wurde.

5. Ich greife nunmehr die letzte große Gelegenheit heraus, die Deutschland unerwartet geboten wurde. Dr. Simons kam nach London und hatte damit eine Möglichkeit, zum englischen Volke selbst zu sprechen, wie kein anderer deutscher Staatsmann vor ihm. Die Atmosphäre war aufnahmefähig. Er hatte in Spa einen so starken Eindruck gemacht, daß Lloyd George ihm öffentlich und wiederholt bezeugte, er sei aufrichtig und fähig. Der Fechterinstinkt des englischen Volkes

interessierte sich für Simons wegen seiner Schlagfertigkeit in Spa.

Da gab sich bei der Londoner Konferenz Lloyd George eine Blöße, wie das wohl nicht oft in der Laufbahn dieses vielgewandten Staatsmannes vorgekommen ist. Er begnügte sich nicht damit, zu sagen: Ihr habt diesen Vertrag unterschrieben, und kraft des Rechts des Siegers ziehen wir euch zur Einlösung eurer Verpflichtungen heran. Dagegen ließe sich in unserer heutigen Lage nicht viel sagen. Nein, Lloyd George wagte es, von der deutschen Regierung zu verlangen, sie dürfe die moralische Berechtigung des Schuldigspruchs von Versailles vor dem deutschen Volke nicht in Zweifel ziehen, sondern müsse ihn gewissermaßen decken. Lloyd George sagte:

„Mit am ernstesten zu nehmen sind die Behauptungen in einer Rede, die, wenn ich recht unterrichtet bin, in Stuttgart gehalten wurde, darin Dr. Simons die deutsche Verantwortlichkeit für den Krieg ablehnt. Diese Ablehnung hat in ganz Deutschland Beifall gefunden, und man kann deshalb annehmen, daß sie die wirkliche geistige Haltung Deutschlands gegen den Friedensvertrag wiedergibt."

Diese Herausforderung mußte Simons annehmen und den Augenblick nutzen, um etwa folgendermaßen zu sprechen:

„Sie, Mr. Lloyd George, verlangen nicht nur, daß Deutschland zahlt und arbeitet, bis es zusammenbricht, Sie fordern nicht nur, daß wir dem Recht entsagen, welches die angelsächsischen Völker heilig halten, dem Recht auf Leben und Freiheit und das Streben nach Glück, sondern daß wir mit einer Art freudiger Pflichterfüllung dies Schicksal auf uns nehmen, als ob wir büßen müßten, was wir verbrochen haben. Ich, Mr. Lloyd George, habe die Schuldfrage nicht angeschnitten. Ich kam hierher, um darüber zu verhandeln, was wir zahlen können, damit auch unseren Gläubigern aus ihren Verlegenheiten geholfen wird. Da verlassen Sie auf einmal die Basis nüchterner geschäftlicher Aufrechnung und erklären: Ihr seid nicht bußfertig genug. Ihr wagt mit Eurem Schicksal zu murren, als ob Ihr es nicht verdient hättet. Darauf erwidere ich: Das ganze deutsche Volk sagt zu dem Schuldigspruch von Versailles Nein, und es wird sich keine deutsche Regierung finden, die sich die Lüge von Versailles zu eigen macht. Wir wollen den Vertrag erfüllen, weil wir ihn unterschrieben haben und Vertragsbruch nicht durch Vertragsbruch wieder gutgemacht werden kann. Wir wollen bis an die Grenze des Möglichen gehen, und die deutsche Regierung will die Erfüllung der übernommenen Verpflichtungen erzwingen, soweit es in ihrer Kraft liegt. Aber darin haben Sie Recht, die Aufgabe der Erfüllung wäre eine leichtere, wenn das ganze deutsche Volk die moralische Berechtigung des Versailler Urteils einsähe. Aber diese Einsicht werden hundertmal erpreßte Unterschriften nicht zuwege bringen. Auch keine Reden, die Sie halten. Sie sind der Mann, der den Vertrag der 14 Punkte gebrochen hat. Sie haben während des Waffenstillstandes Krieg gegen Frauen und Kinder weitergeführt vier Monate lang, obgleich militärisch von uns nichts mehr zu fürchten war und Sie es in der Macht hatten, Hunderttausende von Unschuldigen zu retten. Reden Sie von Staatsräson, aber nicht von Recht und Unrecht. Wollen Sie aber das deutsche Volk überzeugen, daß es zu Recht verurteilt ist, so müssen andere Richter sprechen. Nur eine unparteiische Untersuchung der Schuldfrage, wie sie Graf Rantzau in Versailles gefordert hat, könnte die Einkehr zuwege bringen, die Sie verlangen."

Ich bemerke, es ist um so unbegreiflicher, daß der Minister Simons in London geschwiegen hat, als er ein Meister der moralischen Offensive ist. Das hat er in Versailles bewiesen, wo er mit Graf Rantzau die Seele des großen und würdigen Kampfes war, den die Friedensdelegation geführt hat. Nicht nur Deutsche vermißten in London die moralische Abwehr. Ich zitiere aus dem Brief eines englischen Politikers, der im Interesse seines eigenen Vaterlandes wünscht, daß die Kriegspsychose endlich aufhört.

„Es kommt mir immer so bedauerlich vor, daß Ihre Vertreter auf den verschiedenen Konferenzen, wenn der materielle Schaden ihnen von den alliierten Vertretern vorgezählt wird, nicht erwidern: daß der dem menschlichen Leben zugefügte Schaden weit ernstlicher ist, weil er etwas ist, das nicht unmittelbar durch Arbeit wieder gutgemacht werden kann und die Untergrabung und Schwächung der nächsten Generation bedeutet. Tatsächlich ist die Gesundheit und Lebenskraft einer Bevölkerung etwas weit Wichtigeres als Fabriken, Bergwerke und Gebäude. Aber Simons nimmt niemals Bezug hierauf."

So glaube ich, die Behauptung erhärtet zu haben, die ich in meinem Artikel vom 11. Mai 1921 aufgestellt habe und die mir manche Kritik eingetragen hat: Deutschlands Sache ist bis zum heutigen Tage vor der Meinung der Welt so gut wie unverteidigt geblieben. Ich hatte dann hinzugefügt: jetzt endlich scheint sich ein Weg zu öffnen, um die moralische Offensive für Deutschland aufzunehmen und soweit vorzutragen, bis schließlich der allseitige Druck der öffentlichen Meinung die Revision des Friedensvertrages erzwingt.

III.

Wer aber soll hier die Führung übernehmen? Die Regierung kann es nicht. Ungeschwächt besteht das Mißtrauen in Feindesland fort gegen jede Äußerung jeder deutschen Regierung. Es ist in Deutschland während des Krieges

viel gelogen und übertrieben worden, wenn auch meines
Erachtens viel weniger als bei der Entente. Aber die feindlichen Hetzer haben es verstanden, das Mißtrauen noch über
den Krieg hinaus lebendig zu erhalten.

Auch ist nicht zu leugnen, daß gewisse schlechte Propaganda-
methoden auch nach Abschluß der Feindseligkeiten noch in
Deutschland angewandt wurden und uns schadeten.

Überdies müssen wir der Zwangslage unserer Regierung
gerecht werden. Für sie kann es heute nur eine Losung
geben, einen loyalen Versuch zur Erfüllung des Versailler
Vertrages zu machen, einen Versuch, der nach unserer Überzeugung das Ergebnis haben muß, ihn ad absurdum zu führen.
Jede andere Politik müßte uns ins Chaos stürzen und uns
jene Atempause nehmen, die wir haben müssen, wollen wir
uns nach Krieg und Revolution als Nation wiederfinden.
Allerdings können Augenblicke kommen wie in London und
wie heute durch die Briand-Anklage gegen unsere Rechts-
pflege, wo uns der moralische Fluch von feindlicher Seite so
herausfordernd entgegengeschleudert wird, daß unsere Regierung antworten muß, antworten in Abwehr und Angriff,
und wo gerade Herrenvölker wie das angelsächsische es nicht
verstehen, wenn wir stillehalten.

Aber wir müssen der Regierung darin recht geben, daß
sie die Atmosphäre des Unterhandelns nicht dauernd durch
Deklamationen stören kann.

Um so größer wird die Verantwortung für die Führer
der öffentlichen Meinung in Deutschland. Und eine kluge
Regierung wird dankbar sein, wenn durch private Initiative
das geschieht, was sie sich aus Gründen der Besonnenheit ver-
sagen muß. Es scheint, als ob man heute in Deutschland
beginnt, dies zu begreifen. Unsere öffentliche Meinung ist
aufgestanden und weiß, um was es geht.

Überall treten Organisationen hervor mit dem Anspruch,
den Kampf in der Schuldfrage aufzunehmen; vielfach ver-

leihen sie schon durch ihren Namen dem erwachten Ehrgefühl des deutschen Volkes Ausdruck.

1. Allgemeiner deutscher Kriegerverband; 2. Deutscher Offiziersbund; 3. Deutsche Kolonialgesellschaft; 4. Hansabund; 5. Reichsbürgerrat; 6. Alldeutscher Verband; 7. Bund der Frontsoldaten; 8. Liga zum Schutz deutscher Kultur; 9. Verein für das Deutschtum im Auslande; 10. Bund der Auslandbeutschen; 11. Zentrale für Heimatdienst; 12. Kulturpolitische Gesellschaft; 13. Auslandinstitut; 14. Ostpreußischer Heimatdienst; 15. Schwäbische Liga zum Schutz deutscher Kultur; 16. Hilfsverein für Böhmen und Sudetenland; 17. Andreas-Hofer-Bund; 18. Deutsche Liga für Völkerbund; 19. Deutsche Arbeitsgemeinschaft für Wahrheit, Recht und Ehre; 20. Volksbund „Rettet die Ehre"; 21. Ausschuß „Entlastung"; 22. Deutscher Charitas-Verband; 23. Arbeitsstätte für sachliche Politik; 24. Weltbund für Freundschaftsarbeit der Kirchen; 25. Ausschuß für Minderheitenrecht; 26. Deutscher Volksbund für Gerechtigkeit; 27. Deutscher Volksbund, Revision von Versailles; 28. Bund für Aufklärung über Friedensvertrag und Kriegsvergehen; 29. Arbeitsgemeinschaft für Politik des Rechts und viele andere mehr.

Man hat nun daran gedacht, all diese Organisationen zu einer Arbeitsgemeinschaft zusammenzufassen. Ich halte es für sehr nützlich, wenn manche Gruppen in dauernder Fühlung miteinander arbeiten und, wie dies bereits geschehen ist, ihre Vertreter sich in einem Ausschuß vereinigen. Auch die Gründung der Zentrale für Erforschung der Kriegsursachen begrüße ich, die diesen Organisationen „Archiv und Arsenal" sein kann. Aber damit ist noch nicht die Arbeitsgemeinschaft geschaffen, die wir brauchen, die mit der genügenden Autorität im Inlande und im Auslande, getragen von der gleichen ethischen Grundrichtung ihrer Mitglieder und geleitet nach einem einheitlichen strategischen Plan, den Kampf zur Wiederaufrichtung unseres guten Namens führt. Eine mechanische Zusammenfassung der verschiedenen Richtungen würde uns hier nicht helfen, sie wollen das gemeinsame Ziel auf zu verschiedenen Wegen erreichen und nicht alle bewerten Recht und Wahrheit im Verkehr der Völker gleich.

Da gibt es eine Richtung, die sagt: Wir müssen um keinen Preis von der Schuld der Feinde vorläufig etwas erwähnen. Gewiß, wir können in allgemeinen Wendungen von einer gemeinsamen Schuld reden, aber nur nicht die Feinde herausfordern. Dagegen müssen wir deutlich machen, wie tief wir unseren Anteil an der Schuld bereuen. — Ein Vertreter dieser Auffassung hat dies seinerzeit sehr drastisch so ausgesprochen, als der Standpunkt vertreten wurde, man dürfe den Feinden bei der Gegenanklage nichts schenken: „Aber wenn ich auf dem Boden liege und es setzt mir einer den Fuß auf den Bauch, da werde ich doch nicht noch etwas sagen, was ihn ärgert."

Wir können diese Richtung die Schmeichler nennen und brauchen uns mit ihr nicht weiter abzugeben. Sie ist unter den genannten Gruppen nicht vertreten. Die Schmeichler erwecken zu all dem Haß gegen Deutschland auch noch den Ekel, der selbst den Tyrannen anfällt, wenn seine Opfer vor ihm kriechen.

Dann gibt es Gruppen, die gerade auf dem entgegengesetzten Standpunkt stehen: Wir mögen innerlich von deutscher Mitschuld überzeugt sein, aber es dem Feinde zuzugeben, schwächt unsere Position. Es wird gegen uns ausgenützt und ist daher unpatriotisch.

Sodann begegnet man einer merkwürdig unlogischen Geistesrichtung: ihre Vertreter fühlen sich zwar auch berufen, mit moralischer Entrüstung gegen die Feinde Sturm zu laufen, fortwährend nach dem Anklagematerial der Regierung zu rufen, aber im Grunde sind sie davon überzeugt, daß es nur eine Schuld im Kriege geben kann, nämlich ihn zu verlieren. Und sie haben leider nicht Selbstbeherrschung genug, als daß sie nicht diese ihre Grundstimmung verrieten. Immer wieder bricht ihre Bewunderung für Lloyd George und Clémenceau durch, die sie für Mordskerle halten.

Ferner haben wir die Organisationen der gutgläubigen Patrioten, bei denen wir deutlich zwei Schattierungen unterscheiden können. Die eine glaubt, daß die Politik des Kaiserreichs nicht nur moralisch einwandfrei, sondern auch politisch weise war. Die andere gibt große Torheiten zu, aber ist davon überzeugt, daß die deutsche Regierung und Heeresleitung sich sittlich auf keinem Punkt etwas vorzuwerfen haben.

Alle diese Richtungen mit ihren Organisationen und Gruppen kommen sehr wohl für die Aufrüttelung des Volkes im Innern in Betracht und bilden ein wertvolles Gegengewicht gegen die Unabhängigen. Aber für die auswärtige Politik sind sie völlig bedeutungslos, ja können nur schaden.

Man sollte diese ehrlichen Männer fragen: Was wollt ihr eigentlich? Wollt ihr deklamieren und eurem beleidigten nationalen Selbstgefühl Genugtuung verschaffen und die anderen ärgern, oder wollt ihr praktische Politik machen, d. h. der Wahrheit in Feindesland zum Siege verhelfen?

Ich melde den Anspruch auf die Führung der moralischen Offensive für diejenige Richtung an, wie sie unter anderem die Heidelberger Vereinigung (Arbeitsgemeinschaft für Politik des Rechts) vertritt, die von Professor Max Weber und mir im Februar 1919 gegründet wurde, um unsere moralische Position für die Friedensverhandlungen zu stärken.

Wir glaubten, daß eine gemeinsame Schuld der Großmächte vorliegt daran, daß der Krieg kam und daran, daß er so rechtlos und mit einer so namenlosen Verrohung der europäischen Gesittung geführt wurde. Wir glauben, daß die Feinde kein Recht haben, unsere Richter zu sein, denn ihre Schuld ist größer als unsere. Wir aber dürfen und müssen von einer deutschen Schuld nicht schweigen, gerade, weil sie so schwer auf das deutsche Volk zurückgefallen ist.

Hätten wir während des Krieges unseren guten Namen aufgerichtet, wäre unser Schwert so rein geblieben, wie die Besten der Nation es immer gewollt haben, gerade auch unter den Militärs, hätten wir bei unseren Kriegszielen das Glück und das Recht anderer Völker in unseren nationalen Willen aufgenommen, dann wären die feindlichen Knock-out-Regierungen niemals imstande gewesen, über den Opfersinn ihrer Völker zu verfügen und alle die Hilfsquellen an Menschen und Material gegen uns mobil zu machen, dann wären entweder unter dem Druck der Volksstimmung Regierungen in Feindesland ans Ruder gekommen, mit denen wir Frieden hätten schließen können, oder wir hätten dem feindlichen Krieg das moralische Rückgrat gebrochen. So hätte die Politik des Rechts im Kriege Deutschland entweder zum Siege oder zu einem Frieden der Vereinbarung geführt.

Es entspricht nicht nur der Wahrheit, die deutsche Mitschuld anzuerkennen, sondern es ist auch notwendig, wollen wir eine Diskussion mit den Feinden herbeiführen, die Früchte trägt. Sonst verhallen unsere Anklagen, nur die schon Überzeugten hören hin; alles aber kommt heute darauf an, die große Masse der Zweifler zu gewinnen; ihr Schwergewicht muß in die Wagschale geworfen werden, soll eine öffentliche Meinung sich für die Revision des Friedensvertrages bilden.

Ich will hier die Worte anführen, die in dem Programmentwurf der Heidelberger Vereinigung standen:

„Die Männer und Frauen haben die Pflicht, sich zusammenzufinden, denen man im Auslande glaubt, soweit man glauben will, und deren Aussagen selbst böser Wille nicht entwerten kann. Wer sich heute ehrlich zum Rechtsgedanken im internationalen Leben bekennt, gehört zu uns, unabhängig von seiner früheren Stellungnahme. Aber das Gepräge muß die deutsche Kampfesorganisation gegen den Versailler Vertrag von Männern erhalten, deren Menschheitsgesinnung der Kriegsverrohung notorisch standgehalten hat, und die auf dem Höhepunkt unserer militärischen Erfolge neben dem deutschen Recht auch das Recht anderer Nationen öffentlich geltend gemacht haben. Wir können weder Unabhängige noch Chauvinisten brauchen; die nationale Zuverlässigkeit ist ebenso unentbehrlich wie die internationale. Die Kräfte, die in Feindesland mit Aussicht auf Erfolg im Kampf gegen den Versailler Vertrag stehen, sind nicht im extremen unpatriotischen Lager zu finden. Und mit Patrioten können sich nur Patrioten verständigen."

Wir werden uns streng an die Forderung halten müssen, die Graf Montgelas schon bei der Gründung der Heidelberger Vereinigung aufgestellt hat: Räumung unhaltbarer Positionen, aber in Punkten, wo das Recht auf unserer Seite ist, auch nicht das geringste liebedienerische Zugeständnis an Ententelegenden, um sich vorübergehend guten Wind zu machen. Nur schonungslose Wahrheit kann uns helfen. Wahrheit gegen uns und die anderen.

Die Heidelberger Vereinigung hat sich in ihren Erwartungen nicht getäuscht über die Resonanz, die sie im Auslande finden würde. Immer wieder haben sich Gruppen und einzelne Persönlichkeiten, die in Feindesland gegen den Versailler Friedensvertrag kämpfen, an Mitglieder der Heidelberger Vereinigung oder an diese selbst gewandt. Es kamen Fragen nach den Zuständen in deutschen Abstimmungsgebieten, nach dem Benehmen der schwarzen Truppen, nach den wirklichen Steuerverhältnissen, nach der Tuberkulosesterblichkeit infolge der Unterernährung, nach dem weißen Schrecken im Ruhrgebiet, den die Franzosen als Vorwand zum Aufmarsch benutzen wollten, und vielem anderen mehr. In jedem dieser Fälle waren Lügen und Falschmeldungen am Werke, um die öffentliche Meinung in den angelsächsischen Ländern irrezuführen, und es lagen deutsche offizielle Äußerungen vor über den wahren Tatbestand, die aber von den Kämpfern gegen den Versailler Friedensvertrag als nicht überzeugend genug empfunden wurden.

Die Heidelberger Vereinigung hat bei allen diesen Anfragen immer hören müssen: Wir wollen nicht nur gedrucktes und offizielles Material, wir wollen Nachrichten, für deren Wahrheit ihr mit eurem Namen eintreten könnt.

Wir haben manches beantworten und einigen Nutzen stiften können. Aber die Heidelberger Vereinigung hat auch viele Fragen nicht beantworten und dadurch das ihr entgegengebrachte Vertrauen nicht voll nutzen können. Ihr die Mittel, um einen eigenen Informationsdienst zu organisieren und um ein eigenes Organ zur Verfügung zu haben, darin die Resultate ihrer Nachforschungen periodisch hätten veröffentlicht werden können. Die eigene Zeitschrift hätte auch den Vorteil gehabt, die Mitglieder der Heidelberger Vereinigung dazu zu zwingen, in gewissen Zeitabschnitten als Gruppe Gleichgesinnter aufzutreten. Die angelsächsischen Völker haben eine so starke bundesgenössische Tradition, daß sie die Eigenbrötelei unserer Individualisten nicht recht würdigen können. Sie wollen nicht nur hören „Ich", sondern „Wir", mag die redende Persönlichkeit noch so bedeutend sein.

Bei der Begründung der Arbeitsgemeinschaft für Politik des Rechts war es natürlich, daß man die Zentrale in Süddeutschland haben wollte, da dort allein die Gewähr für die Entwicklung einer geordneten Demokratie gegeben schien. Heidelberg wurde gewählt in Anerkennung der überragenden Persönlichkeit Max Webers.

Heute ist es mir klar, daß die Zentrale der Kampforganisation gegen den Versailler Frieden nach Berlin gehört und daß in ihr die Heidelberger Vereinigung und verwandte Gruppen sich zusammenfassen sollten.

Wir brauchen ein aus privaten Mitteln gegründetes Institut für auswärtige Angelegenheiten, das einen eigenen Informationsdienst zur Verfügung hat, der den anspruchsvollen Namen rechtfertigt. Seine Leitung muß in den Händen von Männern ruhen, deren internationales Ansehen unbestritten ist. Das Institut muß natürlich in Fühlung mit der Regierung arbeiten, aber muß aufs strengste darauf bedacht sein, sich seine Unabhängigkeit von der Regierung zu wahren.

Es heißt heut in unserer furchtbaren Not: Alle Mann an Bord, denen man im Ausland glaubt. Wir brauchen Männer aus allen Parteien, mit Ausnahme der äußersten Linken, nur muß ihre Grundrichtung in internationalen Fragen die gleiche sein.

Ich denke, für die Leitung des Instituts kommen in erster Linie Männer wie Dr. Simons, Graf Montgelas und Oberst Schwertfeger in Betracht.

Dr. Simons schuldet es dem deutschen Volk, daß er sich heut in die vorderste Linie des öffentlichen Kampfes gegen den Versailler Frieden stellt. Er kennt den Vertrag wie wenig andere Deutsche und hat, nachdem er seinerzeit mit Graf Rantzau den Abschied nahm, öffentlich ausgesprochen, daß er es als seine Hauptaufgabe betrachten werde, gegen diesen Vertrag zu kämpfen. Er schuldet es dem deutschen Volk um so mehr, ihm jetzt beizustehen, als er während seines Amtes in seiner Kampfkraft gelähmt war, teils durch die bedrängte Lage der Regierung, teils durch seine furchtbare Überarbeitung.

Graf Montgelas ist in Deutschland heute die erste Autorität auf dem Gebiet der Schuldfrage. Er hat in der Polemik mit dem Ausland bereits mehrere Treffer erzielt, z. B. ist ihm die Aufklärung der Reihenfolge der Mobilmachungen restlos gelungen. Vor allem aber gebührt ihm das Verdienst, bestimmte klare Fragestellungen präzisiert zu haben, die die Auseinandersetzung außerordentlich erleichtern.

Es ist von Interesse, die folgenden biographischen Daten zu erwähnen: 1900 Teilnahme an der ostasiatischen Expedition, 1901/03 Militärattaché Peking, 1910/12 Oberquartiermeister im Großen Generalstab, bei der Mobilmachung Kommandeur der 4. bayerischen Infanteriedivision, während der Schlacht von Ypern Enthebung vom aktiven Kommando wegen Meinungsverschiedenheiten über die Aussichten und die Art des Angriffs, März 1915 Abberufung auch von der Stelle eines Etappeninspekteurs wegen abweichender Überzeugung in anderen Fragen, Mai 1919 Mitglied der deutschen Viererkommission in Versailles, Herbst 1919 mit Professor Schücking Herausgabe und Durchsicht der von Kautsky gesammelten Dokumente, seit Herbst 1920 Sachverständiger des parlamentarischen Untersuchungsausschusses.

Oberst Schwertfegers Herausgabe der „Belgischen Dokumente zur europäischen Politik" ist ein typisches Beispiel für die moralische Offensive, wie wir sie im Auge haben.

Er sagt über die Grundsätze, die ihn bei seiner Arbeit leiteten:

„Einige persönliche Erklärungen sind unerläßlich. Ich bin an den deutschen amtlichen Veröffentlichungen von 1914 und 1915 nicht beteiligt gewesen. Von Februar 1916 ab bot sich mir die Gelegenheit, die belgischen Archive persönlich durchzusehen, und ich habe von vornherein den durch keine Rücksicht irgendwelcher Art zu erschütternden Standpunkt eingenommen und allen Anfechtungen zum Trotz festgehalten, daß, wie bei allen Arbeiten aus Dokumenten, so ganz besonders in der belgischen Frage, dieser Schicksalsfrage des deutschen Volkes, nur die rücksichtsloseste Objektivität und peinlichste Gewissenhaftigkeit der Sache des Vaterlandes zu dienen vermag. Diese Grundsätze vermochte ich,

bereits in der mir bei meiner Abberufung aus Brüssel im Sommer 1918 übertragenen fünfbändigen Veröffentlichung „Zur europäischen Politik" zu verwirklichen."
Oberst Schwertfeger betrachtet es heute als seine Lebensaufgabe, den Kampf für die Wahrheit weiterzuführen.

Die Männer, die an der Spitze stehen, müßten sich von allen anderen Aufgaben freimachen und ihre ganze Zeit und Kraft dem Institut widmen, aber sie sind natürlich auf eine große Anzahl von Hilfskräften angewiesen und außerdem auf die Mitarbeit von solchen, die nur ihre freie Zeit und ihre freie Kraft dem Unternehmen zur Verfügung stellen können. Das Institut braucht die dauernde Fühlung mit denjenigen unserer großen historischen Gelehrten, die ihre wissenschaftliche und nationale Ehre während des Krieges dareinsetzten, daß ihr Wahrheitssinn sich nicht unter die Kriegsleidenschaften beugte, und die, wie Professor Hans Delbrück, aus diesem Grunde schon während des Krieges sich in Feindesland Gehör erzwungen haben.

Wir haben unter unseren Gelehrten noch eine ganze Anzahl moralischer Persönlichkeiten, die, wie Professor Lujo Brentano, in den angelsächsischen Ländern einfach nicht verleumdet werden können, weil ihre Freunde und Schüler wie ein Mann für sie eintreten würden. Dem Institut dürfte ihr Rat und ihr öffentliches Gewicht nicht fehlen.

Unentbehrlich wäre auch die Mitarbeit von Männern wie Siegmund-Schultze, der niemals das Vertrauen der sozialethischen Kreise in den feindlichen Ländern verloren hat. Siegmund-Schultze stand an der Spitze der „Auskunfts- und Hilfsstelle für Deutsche im Ausland und Ausländer in Deutschland" und hat auf dem Höhepunkt unserer nationalen Verblendung den Aufruf verfaßt, in dem die schönen Worte standen: „Feindesliebe ist auch im Kriege das Zeichen derer, die dem Herrn die Treue halten." Und was mehr ist, er hat auch danach gehandelt, allen Anfeindungen zum Trotz.

Er hat in der „Eiche" sein eigenes Organ, darin er unermüdlich die Versailler Lüge mit den Waffen der Wahrheit bekämpft, wie er während des Krieges unseren Heißspornen ins Gewissen geredet hat.

Ich denke ferner an einen Mann wie Dr. Johannes Lepsius, dessen Name in der ganzen Welt mit dem Hilfswerk für Armenien verknüpft ist, und der im Kriege seine Existenz aufs Spiel setzte, um öffentlich Zeugnis gegen die türkischen Greuel in Armenien abzulegen. So konnte er dank seines internationalen Ansehens die — auch von Lord Bryce leichtfertig verbreitete — Verleumdung, Deutschland sei mitschuldig an den armenischen Metzeleien durch Herausgabe der offiziellen Dokumente so gründlich entkräften, daß sie heute nirgends mehr auftaucht. Lepsius ist heute Mitherausgeber der Vorkriegsakten.

Die Arbeitsgemeinschaft braucht ferner eine Reihe von militärischen und diplomatischen Beratern.

Die dauernde Fühlung mit unseren führenden wirtschaftlichen Sachverständigen wäre eine Hauptaufgabe des Instituts. Es gibt eine beträchtliche Anzahl solcher Männer, bei denen der Verdacht, daß sie Interessentengruppen dienstbar sein könnten, niemals auftauchen wird. Ich denke u. a. an den Hamburger Kreis, dessen Mitglieder eine große Überzeugungskraft bei den internationalen Verhandlungen bewährt haben. Mehrfach haben es die feindlichen Regierungen für angezeigt gehalten, ihre Unterhändler zu wechseln. Von bestimmten Männern der deutschen Finanz wissen es die Fachgenossen in allen Ländern, daß sie es für sittlich und nützlich zugleich halten, ihre strenge Auffassung von Vertragstreue und Geschäftsehre auch auf die Geschäfte der Völker zu übertragen.

Ferner müssen wir das große Vertrauen, welches die deutschen Ärzte nach wie vor im Auslande genießen, für die Aufgabe des Instituts nutzbar machen. Sie sind am besten in der Lage, die Wirkungen der Blockade und des Friedensvertrages in Tod und Krankheit umzurechnen. Wie wir ihr Ansehen fruchtbar verwenden können, zeigt ein Beispiel aus den Erfahrungen der Heidelberger Vereinigung: Ein Mitglied der Arbeitsgemeinschaft hatte im Dezember 1918 eine Besprechung mit ausschlaggebenden amerikanischen Nahrungsmittelsachverständigen in Bern. Sie erklärten, den deutschen Regierungsäußerungen das größte Mißtrauen entgegenzubringen, aber sie machten eine Anzahl Mediziner und Statistiker namhaft, deren Zeugnis von keiner Ententeregierung entwertet werden könnte. So entstand die Kommission der Professoren Rubner, Zuntz, Thomas, Pflügge, Ballod, Moritz, Hahn, und ihr Gutachten über den derzeitigen Zustand der deutschen Volksgesundheit als Folge der Blockade und den Bedarf an Lebensmitteln, der zur Linderung der ersten Not und der zur Heilung nötig wäre. Das Gutachten wurde in keiner Weise von den fremden Sachverständigen angezweifelt. Aber auch der weitere Verlauf der Angelegenheit ist lehrreich. Leider wurde damals aus Rücksicht auf die feindlichen Unterhändler und unter Überschätzung ihrer Zivilcourage die gleichzeitige Veröffentlichung versäumt. Jene feindlichen Sachverständigen schwiegen, als ihre Regierungen die Blockade dennoch aufrechtzuerhalten beschlossen. Und es vergingen Monate, bis dann endlich auf das Eingreifen englischer Offiziere hin die Blockade aufgehoben wurde. Wir müssen aus dem ganzen Vorgang schließen: auf welchem Gebiete heute immer die bona fides deutscher Sachverständigen anerkannt ist, da muß sie im allgemeinen Interesse fruchtbar gemacht werden, und zwar nicht nur zur Überzeugung der gegnerischen Sachverständigen, sondern zur Erzeugung eines öffentlichen Druckes.

Die Organisierung derartiger Kommissionen müßte eine wichtige Aufgabe des neu zu gründenden Instituts sein.

Nun zu dem strategischen Plan, der hinter der moralischen Offensive stehen muß.

Mit dem ersten großen Stoß ist es nicht getan, wir müssen die Operationen im einzelnen durchdenken und uns auf wirksame Gegenmaßnahmen des Feindes vorbereiten. So erfreulich es ist, wenn nach jahrelanger unverantwortlicher Gleichgültigkeit das deutsche Volk endlich die Bedeutung der Schuldfrage erkannt hat, so liegt heute die Gefahr vor, daß wir sie überschätzen und uns einbilden, es wäre mit einem Siege auf diesem Gebiet alles gewonnen.

Es wäre freilich eine logische Folge, sollte die Wahrheit von der gemeinsamen Schuld am Kriege den Feinden mit einer sieghaften Eindringlichkeit entgegenspringen, daß sie dann beschämt den Vertrag revidieren würden, der sich eingestandenermaßen auf der Alleinschuld Deutschlands aufbaut. Es handelt sich aber leider nicht nur darum, den Friedensvertrag juristisch und logisch, sondern vor allen Dingen ihn psychologisch zu entwurzeln, d. h. die allgemeine Billigung, die heute noch die Versklavung und Ausbeutung der deutschen Nation bei den alliierten Völkern findet, zu zerstören. Der Generalstab des moralischen Feldzuges gegen Deutschland war nicht leichtsinnig genug, um nur daran zu denken, die eine Stellung zu befestigen. Kann er diese eines Tages nicht mehr halten, so findet er im Rücken sorgfältig vorbereitete neue Stellungen, die unserem siegreichen Vordringen ebenso ernste Schwierigkeiten machen werden wie die ersten.

Nehmen wir einmal an, die neutrale Kommission, die wir verlangen, hätte gesprochen, und so überzeugend, daß von dem planmäßig vorbereiteten Angriff zur Errichtung der Oberherrschaft in Europa auch gar nichts mehr übrigbliebe, so würden die Machthaber von Versailles sagen: ja, wenn wir Deutschland des größten Menschheitsverbrechens der Weltgeschichte schuldig sprechen, so denken wir dabei weit weniger an den Ausbruch des Krieges als an die Art seiner Führung: Völkerrechtsbrüche ohne Ende, grausame

Mißhandlung von Gefangenen, Einführung barbarischer Kriegsmittel gegen Kämpfer und Nichtkämpfer, z. B. giftige Gase, Deportationen, Beschießung von Hospitalschiffen, Rettungsbooten, Lazaretten haben dem Krieg seinen furchtbaren Charakter gegeben, und die Deutschen hätten um ein Haar die europäische Zivilisation zerstört, wenn unser Sieg sie nicht gerettet hätte. **Das ist die moralische Grundlage des Straffriedens von Versailles mit seinen Sühneforderungen.**

Nehmen wir weiter an, auch diese zweite Stellung wäre überrannt, d. h. wir hätten den Wettkampf der Greuelbeschuldigung gewonnen, wie wir ihn gewinnen können, dann würde die dritte, vielleicht festeste Stellung der Feinde noch zu überwinden sein: **das ist die Anklage gegen die deutsche Unzuverlässigkeit, gegen die Heimtücke der deutschen Diplomaten, gegen die Verlogenheit aller deutschen Regierungen vor dem Kriege, während des Krieges und nach dem Kriege.** Die Deutschen halten weder Wort, noch halten sie Verträge, noch kann man ihren Tatsachenangaben glauben. Der Friedensvertrag von Versailles ist gar keine Strafe, er ist gar nicht so hart, wie die Deutschen es darstellen. Deutschland leidet weniger als die Siegervölker. Auch alle seine Angaben über die Vergewaltigung des Selbstbestimmungsrechts in den Abstimmungsgebieten sind nur wieder die alten Propagandalügen, die wir so gut aus dem Kriege kennen. Seine Klagen gegen die Besatzung sind Verleumdungen; bei einem so vertragsbrüchigen Volk können wir auf Garantien nicht verzichten. Sanktionen sind Garantien, nicht Strafen.

Damit ergeben sich die drei Angriffsziele für unsere moralische Offensive:

1. **Die Mitschuld der Entente am Ausbruch des Krieges vor die öffentliche Meinung der Welt, insbesondere aber der feindlichen Völker überzeugend hinzustellen.**

2. Die ungeheure Mitschuld der Entente an der Führung des Krieges, an seiner Gesetzlosigkeit und seiner unnötigen Grausamkeit, an der Zerstörung der europäischen Zivilisation, deutlich zu machen.

3. Das deutsche Wort wieder in der Welt zu Ehren zu bringen. Wir müssen dafür sorgen, daß die Wahrheit über die Wirkungen des Friedensvertrages so eindringlich vor die öffentliche Meinung des Auslandes gebracht wird, daß sie sich gegenüber den Falschmeldungen und Verleumdungen der Hetzpresse halten kann. Wir müssen dadurch verhindern, daß feierliche und aufrichtige Erklärungen der deutschen Regierung immer wieder als Lügen gestempelt und entwertet werden.

Das erste Ziel

Hier wird es sich vor allem darum handeln, möglichst rasch die unparteiische Untersuchung der Schuldfrage herbeizuführen, und zwar durch Druck der öffentlichen Meinung. Bei der Vorsicht der Neutralen wird es hierfür von großer Bedeutung sein, daß die Forderung nach einer solchen Untersuchung auch von alliierter Seite kommt. Die Aussichten hierzu sind nicht schlecht. Der Kreis, der heute die Wiederaufnahme des Verfahrens in der Schuldfrage fordert, verbreitet sich in England. Morel ist natürlich nach wie vor der Vorkämpfer gegen „die zerstörende Legende", aber schon wird ein internationales Manifest in England veröffentlicht, das erneut die Untersuchung der Schuldfrage fordert und das u. a. die Unterschrift eines Gilbert Murray trägt, der als Freund Greys während des Krieges mit ganzer Seele an die Reinheit der englischen Sache geglaubt und seine sittliche Persönlichkeit im Inland und Ausland in den Dienst der englischen Propaganda gestellt hat. Er hatte in Schweden wahre Triumphe für Englands Sache erzielt.

Ferner erwähne ich die ermutigende Resonanz aus Amerika auf eine Herausforderung der „Heidelberger Vereinigung".

Ich hatte in der „Foreign Affairs", der Zeitschrift Morels, am 1. März 1921 geschrieben:

„Es ist nicht so sehr der Schuldigspruch gegen Deutschland, als der Freispruch für sich selbst, der immer wieder jede Regung von Menschlichkeit und Rechtsempfinden lähmt. Die alliierten Völker glauben wirklich noch heute, daß sie mit reinen Händen in den Krieg gegangen sind und ihn mit reinen Händen geführt haben. Solange diese große Täuschung herrscht, solange hat der Friedensvertrag von Versailles Bestand, und solange werden Beschlüsse gefaßt werden, die ihn sanktionieren... Ich habe am 2. Februar 1919 bei der Gründung der Heidelberger Vereinigung gleichfalls als einen Hauptpunkt unseres Programms aufgestellt, die Schuld am Ausbruch des Krieges, die Schuld an der Verlängerung des Krieges, die Schuld an den Greueltaten, welche sich die Kriegführenden gegenseitig vorwerfen, einer unparteiischen Aufklärung zu unterwerfen.

Aber Ihr (Morels) und mein Verlangen setzt eine Mitarbeit und ein Wahrheitsbedürfnis auf seiten der alliierten Regierungen voraus, die ja ihre Archive zu öffnen hätten. Und darauf ist nicht zu rechnen. Wir müssen uns heute nach einem Ersatz umsehen, um eine weithin vernehmbare öffentliche Diskussion der entscheidenden Tatbestände zu erzwingen. Professor Hans Delbrück hat bereits den amerikanischen Juristen Beck zu einem Disput herausgefordert — er erhielt eine Absage.

Ich wiederhole heute auch im Namen der Heidelberger Vereinigung die Herausforderung: Vertreter von uns sind bereit, an irgendeinem neutralen Orte oder in Deutschland mit alliierten und neutralen Gelehrten und Politikern zusammenzutreffen und den Versuch zu machen, sich auf einen gemeinsamen Bericht über die Tatbestände der Schuldfrage zu einigen. Es wäre auch gerade erwünscht, daß von gegnerischer Seite Männer sich an der Untersuchung beteiligten, die bisher von der überragenden Schuld Deutschlands überzeugt sind.

Voraussetzung ist nur, daß es Männer sind, für die die Feststellung der Wahrheit nicht allein ein Gebot internationalen Anstandes, sondern nationaler Ehre ist.

Ich erwarte von einer solchen Untersuchung keineswegs eine Einigung über alle Fragen. Wohl aber das sichere Ergebnis, daß die Mitglieder dieser freien Untersuchungskommission am Schluß erschüttert das Bekenntnis ablegen:

Kein Volk hat das Recht, das andere zu richten, sondern die großen Völker Europas müssen einander gegenübertreten wie ein Bruder Sünder dem Bruder Sünder.

Ohne eine solche Einkehr bleibt der Vertrag von Versailles bestehen, bis Europa zugrunde geht und ihn unter seinen Trümmern begräbt."

Darauf gibt der „Freeman" vom 18. Mai 1921 die folgende Antwort:

„Der Versailler Vertrag ist durchweg auf der Theorie gebaut und von ihr eingegeben, daß Deutschland allein an der Herbeiführung des Krieges schuldig ist ... Nun ist jene Theorie im Hinblick auf das, was man im allgemeinen und besonderen in den Vereinigten Staaten seit dem Kriege erfahren hat, um das mindeste zu sagen, strittig. Die Vereinigten Staaten sind kraft ihrer geographischen Abgelegenheit und ihrer Freiheit von erblichen Verwicklungen in einer Lage,

Vertreter zu liefern, welche eine unbefangene Prüfung jener Theorie, von der so viel abhängt, vornehmen können.

Die Heidelberger Vereinigung hat durch Prinz Maximilian von Baden angeboten, mit Vertretern zusammenzutreffen, seien es Politiker, Literaten oder Männer der Wissenschaft, um das Zeugenmaterial für Deutschlands alleinige Verantwortlichkeit zu besprechen und sich zu einem Bericht über den Gegenstand zu vereinigen... Wir schlagen vor, daß ein Ausschuß verantwortungsvoller privater Bürger gebildet werde, um mit der Heidelberger Vereinigung und ähnlichen Ausschüssen in Europa zusammenzuarbeiten bei der Nachprüfung der Zeugnisse für die Theorie, auf welcher der Versailler Vertrag und die Politik der alliierten Mächte nach dem Waffenstillstand beruhen; die Theorie, daß Deutschland allein verantwortlich für den Krieg ..."

Einer solchen Anregung muß nachgegangen werden. Das neugegründete Institut müßte in aller Form zu öffentlichen Disputationen auffordern, wie das in der Renaissance der Weg war, neuen Wahrheiten internationale Geltung zu verschaffen.

Daneben darf der Appell an die Neutralen nicht fehlen und das Institut darf sich durch keine taktische Rücksicht beeinflussen lassen, den Neutralen, wenn es sein muß, unangenehme Wahrheiten zu sagen. Die Neutralen müssen das Gefühl bekommen, daß sie etwas gutzumachen haben. Die Liebeswerke der Neutralen werden immer ihr Ruhmestitel sein, auch konnte kein Mensch von ihnen während des Krieges verlangen, daß sie aktiven Widerstand dem Diktat der Entente entgegensetzten. Sie mußten schließlich zu Bundesgenossen der feindlichen Blockadepolitik gegen Deutschland werden. Aber sie brauchten nicht ihre Seele unter das Joch zu beugen, wie sie es vielfach getan haben. Zuweilen war es leichter, während des Krieges sich mit einem gemäßigten Feinde zu verständigen als mit einem ententefreundlichen Neutralen. Es hätte auf den Ausgang des Krieges einen wesentlichen Einfluß gewinnen können, hätten die Neutralen ihre Völker vor dem Eindringen der Kriegspsychose ebenso wirksam schützen wollen wie vor dem Einmarsch kämpfender Truppen. Dann wären sie Bollwerke des gesunden Menschenverstandes und der Gerechtigkeit geworden und hätten zur gegebenen Stunde den Kriegführenden helfen können, den Weg zur Vernunft zurückzufinden.

Neben diesem großen Ziel, die unparteiische Untersuchung der Schuldfrage zu erzwingen, darf das Institut die Kleinarbeit nicht vernachlässigen. Es wird seine Aufgabe sein, das Ansehen seiner Mitglieder dafür einzusetzen, daß die Arbeitsergebnisse der „Zentrale zur Erforschung der Kriegsursachen" im Auslande zitiert und beachtet werden.

Das zweite Ziel: Der Kampf in der Greuelfrage

Auch hier wird es von großer Bedeutung sein, neutralen Beistand für die gerechte Beurteilung der Vergangenheit zu erlangen. Unser Ziel muß der unparteiische Gerichtshof sein, der die Anklagen der Kriegführenden, die sie während des Krieges gegeneinander erhoben haben, nachprüft, nicht um zu strafen, sondern um aufzuklären. Ich sehe einen wertvollen Anfang in dieser Richtung in einer Äußerung des Internationalen Roten Kreuzes in Genf. Die internationale Versammlung aller nationalen Roten Kreuze, bei der auch Deutschland vertreten war, tagte im April 1921. In dem Bericht der „Times" vom 15. April heißt es:

> „Auf Vorschlag der Delegierten der kanadischen und australischen Rote-Kreuz-Gesellschaften hat die Internationale Konferenz, die kürzlich in Genf war, beschlossen

die nationalen Rote-Kreuz-Gesellschaften einzuladen, alle Anklagen, welche sie gegen irgendein kriegführendes Land in bezug auf Verletzungen der Genfer Konvention zu Lande oder zur See während des letzten Krieges zu machen haben, aufzusetzen und dem Internationalen Komitee des Roten Kreuzes zu übersenden. — Es sollte dann vom Komitee eine besondere Kommission ernannt werden aus sieben Delegierten, und zwar sechs aus den Rote-Kreuz-Ausschüssen von Dänemark, Spanien, Norwegen, den Niederlanden, Schweden und der Schweiz, und das siebente Mitglied vom Internationalen Komitee selbst. Diese Kommission sollte die nötigen Untersuchungen anstellen und den nationalen Gesellschaften die Klagen mitteilen, die gegen ihr Land erhoben worden sind. Dann würde die Kommission Anklagen so gut wie Verteidigungen hören können. Die nationalen Gesellschaften, deren Länder angeklagt werden, könnten sich mit ihren Regierungen in Verbindung setzen. Das Internationale Komitee selbst aber wolle nur mit den nationalen Gesellschaften des Roten Kreuzes und in keinem Fall mit den Regierungen verhandeln. Diese Entscheidung sei angenommen worden, nicht um neue Bitterkeit zu schaffen, sondern im Gegenteil, um soviel wie möglich Licht in die Angelegenheit zu bringen, strenge Unparteilichkeit der Prüfung, und schließlich soweit wie möglich die Wahrheit zu erreichen, einige berechtigte Forderungen zu befriedigen und am Ende in gewissem Maße eine Beseitigung des Vergangenen und eine Beruhigung des Grolles zu erzielen. Innerhalb sechs Monaten werden die Anklagen eingefordert."

Dieser schöne Vorschlag hat bereits gleich zu Anfang den Zorn der „Times" auf sich gezogen, die das englische Rote Kreuz auffordert, den Vorschlag zu sabotieren. Man sieht also, der Plan ist noch nicht geborgen. Das Institut würde die Aufgabe haben, den gesunden Gedanken nicht mehr in der Öffentlichkeit einschlafen zu lassen.

Aber wir müssen uns davor hüten, alles auf die eine Karte zu setzen. Die neutrale Untersuchung kann zustande kommen, es können sich aber unter dem Druck der Entente unüberwindliche Hindernisse einstellen.

Wir müssen daher den Kampf in der Greuelfrage auch aus eigener Kraft führen. Unser Ziel muß sein, die feindlichen Völker zu einem Erwachen, zu einem Erschrecken über ihre Kriegs- und Waffenstillstandsverbrechen zu bringen. Es muß etwas über sie kommen wie eine Einkehr, eine große Scham, wie wir das an einzelnen gewissenhaften Mitgliedern der Ententestaaten schon wiederholt bemerken konnten. Aber gerade darum dürfen wir nichts beschönigen und leicht nehmen, was uns zur Last fällt. Wir wollen Klarheit auch über unsere Kriegsverbrechen. Wir sollen uns hierbei nicht fürchten vor dem Vorwurf, wir geben hiermit einer Ententeforderung nach. Es ist nicht entwürdigend, wenn wir unsere Kriegsverbrecher bestrafen, während die anderen sie laufen lassen und zu hohen Ehren bringen. Was uns zur Unehre erdacht war, wird uns zur Ehre ausschlagen.

Wir werden das einzige Volk sein, welches das Tischtuch zerschnitten hat zwischen sich und zwischen denen, die sein Schwert entehrt haben. So muß auch unsere öffentliche Meinung es auffassen. Wir müssen uns davor hüten, Kriegsverbrechen leichtfertig mit den Worten abzutun: „Ach, die anderen haben es ja auch so gemacht; das ist mal im Kriege nicht anders." Das dürfen wir als eine Nation mit einer großen militärischen Vergangenheit nicht sagen. Gerade unsere preußische Armee hatte einen eigenen Sittenkodex, und der verlangte Selbstbeherrschung inmitten der Leidenschaften des Kampfes.

Als ich im Kriege die Worte sprach:

„Für einen christlichen Soldaten gehört der Geist des Roten Kreuzes zum Heere gerade wie der Offensiv-

geist. Für ihn verletzt derjenige, der nicht alles zur Vernichtung des kämpfenden Feindes einsetzt, ebenso seine Pflicht, wie derjenige, der einen wehrlosen Feind nicht schont",
war besonders die Zustimmung wohltuend, die aus unsren militärischen Kreisen kam.

Bei einer entschlossenen moralischen Führung des Volkes wäre es ein leichtes gewesen, unser kämpfendes Heer so frei von Greueltaten zu halten, wie nur irgend jemals eine Armee. Diesen strengen Maßstab müssen wir an uns selbst legen, dann haben wir die feste Plattform, um zum Gegenangriff überzugehen. Wir haben Berge unbenutzten Materials. Es handelt sich nicht nur darum, es zu drucken, sondern es immer wieder in der Debatte zu verwenden, in Reden, in Interviews, immer dann, wenn wir Gelegenheit haben, zum feindlichen Ausland zu sprechen. Aber neben den einzelnen Missetaten müssen wir die Aufmerksamkeit der Welt auf das furchtbarste und unbestrittene Verbrechen der Feinde lenken: die Verlängerung der Blockade nach dem Waffenstillstand. Bei der Gründung der Heidelberger Vereinigung habe ich es folgendermaßen versucht:

„Zweitens möchte ich die grundlegende Unterscheidung herausstellen, die bei der moralischen Beurteilung von Kriegs- und Waffenstillstandsgreueln einzuhalten notwendig ist. Die vorhandene oder eingebildete Kriegsnotwendigkeit entschuldigt nicht, aber schafft mildernde Umstände: das Zusammenraffen aller nationalen Energien zu Kampf und Sieg drückt naturgemäß Menschlichkeit und internationale Billigkeit von dem ihnen gebührenden Platz in der Hierarchie der Motive herab, aber sie haben in ihre Rechte zurückzutreten, sobald die Waffen ruhen. Das Kriegsunrecht wiegt schwerer, wenn es bestehen bleibt, nachdem Krieg und Kriegsnotwendigkeit vorüber sind. Die Waffenstillstandsopfer erheben vor Gott und den Menschen eine noch furchtbarere Anklage, als die Opfer des Krieges."

Dann später in einer amerikanischen Zeitschrift:

„Ich bin immer für Bestrafung von Soldaten eingetreten, die in der Hitze der Schlacht dem entwaffneten Feinde den Pardon versagten. Aber der Soldat, den die Kampfeswut übermannt, steht himmelweit höher als der Arzt, der Heilmittel zur Verfügung hat und helfen kann und dem verwundeten Feind nach der Schlacht die Hilfe versagt. Das haben die alliierten und assoziierten Regierungen getan. Sie dürfen das Wort vom Roten Kreuz nie mehr im Munde führen."

Am schärfsten hat es Graf Rantzau in Versailles gesagt:

„Verbrechen im Krieg mögen nicht zu entschuldigen sein, aber sie geschehen im Ringen um den Sieg, in der Sorge um das nationale Dasein, in einer Leidenschaft, die das Gewissen der Völker stumpf macht. Die Hunderttausende von Nichtkämpfern, die seit dem 11. November an der Blockade zugrunde gingen, wurden mit kalter Überlegung getötet, nachdem für unsere Gegner der Sieg errungen und verbürgt war. Daran denken Sie, wenn Sie von Schuld und Sühne sprechen."

Diese Tapferkeit vor dem Feinde soll ihm das deutsche Volk nie vergessen.

Hier liegt der Einwand nah: Wenn dies alles schon so schön gesagt worden ist, wozu es dann immer wiederholen. Wiederholungen langweilen und ermüden. Darauf ist zu sagen: Der Erfolg der feindlichen Propaganda wurzelt darin, daß sie sich bei ihren zähen Wiederholungen nicht gefürchtet hat, vorübergehend zu langweilen. Deutsche Greuel sind unsterblich, Ententegreuel lebten bisher immer nur einen Tag. Das liegt zum Teil auch daran, daß unsere

Tageszeitungen eine Art wissenschaftlicher und künstlerischer Scheu vor Wiederholungen haben.

Das Institut hat die Pflicht, hier Wandel zu schaffen. Die Sozialhygieniker und praktischen Ärzte müssen uns dabei helfen. Sie haben heute die große Aufgabe, fortlaufend über die Tragödie zu berichten, die sich getreu der Prophezeiung des englischen Arztes Saleeby erfüllt:

„Ich gehe weit im Vorausblick auf die Zukunft Deutschlands: ich spreche aus, daß nicht nur Zehntausenden von noch ungeborenen Deutschen ein Leben physischer Minderwertigkeit vorausbestimmt ist, so gewiß, als sei durch Rechtsverfahren ihnen ein solches Urteil gesprochen, sondern daß Tausende von noch nicht erzeugten Deutschen, wenn ihre Zeit gekommen sein wird, einem solchen Schicksal ins Angesicht schauen werden. Rachitis wird vielleicht die gewöhnlichste Form sein, in der der untaugliche Deutsche der Nachkriegsperiode angetroffen werden wird. Man nennt in Deutschland die Rachitis die ‚Englische Krankheit'.

Nun wohl, es kann dazu kommen, daß sie diese Bezeichnung in Zukunft noch besser als in der Vergangenheit verdient, denn die britische Blockade ist an erster Stelle verantwortlich für Deutschlands jetzige fürchterliche Ernährungsnotlage und infolgedessen für die Dauerwirkungen, die deren Folge sein werden."

Wir beabsichtigen nicht, Rachedurst bei unserem Volke zu wecken, aber es gibt eine Bitterkeit, die gewissermaßen nationale Ehrenpflicht ist, und die auch der Fremde als Untergrund spüren muß, wenn man ihm noch so höflich gegenübertritt.

Es ist dann weiter unsere Pflicht, die Kriegführung der Entente nach Friedensschluß der Weltaufmerksamkeit aufzudrängen. An erster Stelle steht die Zurückhaltung unserer Gefangenen nicht nur nach Waffenstillstand, sondern auch nach Friedensschluß. Noch heute sitzen deutsche Volksgenossen in Avignon. Auch dürfen wir nicht schweigen von den modernen Dragonaden durch die Besetzung des Rheinlandes, der mutwilligen Zerstörungswut der Ententekommissionen, die sich gerade jetzt wieder in unserem badischen Lande in Lörrach und Konstanz austobt. Ich erinnere auch an den Hammerschlag des französischen Offiziers, der in einem wissenschaftlichen Institut eigenhändig ein optisches Instrument zertrümmerte, weil eine Linse aus der Marinetechnik darin eingebaut war. Und dann gibt es noch ein Gebiet, darin wir getrost den Wettkampf der Anklagen aufnehmen können und das bis heute ganz vernachlässigt ist: das ist das Gebiet der Kriegsverrohung der Gesinnung. Gewiß, auch wir haben öffentliche Kundgebungen, die wir gern der Vergessenheit übergeben würden. Aber kein Deutscher von Ansehen hat je so gesprochen wie der Bischof von London, der den Kapitän von „King Stephen" beglückwünschte, weil er die hilflos im Wasser treibenden Zeppelinmannschaften ertrinken ließ.

Ich scheue mich auch nicht, aus meinem Briefwechsel mit dem Erzbischof von Canterbury die entscheidenden Stellen mitzuteilen. Ich schrieb an ihn folgendes:

Salem, den 1. Dezember 1919.
Sehr geehrter Herr Erzbischof!

„Ich schreibe an Sie, um Ihre Teilnahme und Ihren Beistand für die deutschen Gefangenen zu erbitten, die nach der jüngsten Mitteilung der französischen Regierung noch weiter als Geiseln in Frankreich zurückgehalten werden sollen. Die Situation dieser 400000 Menschen ist verzweifelt. Soll ihnen geholfen werden, so muß die Hilfe rasch kommen. Noch vor einigen Monaten hätten viele von ihnen gerettet werden können, die heute nicht mehr am Leben sind. Eine große Anzahl ist durch das, was sie körperlich durchgemacht haben, und ihre immer erneuten Enttäuschungen so gebrochen, daß es für sie keine Wiederaufrichtung mehr geben wird. Ich möchte Ihre Aufmerksamkeit auf den Seelenzustand der Angehörigen in der Heimat richten: Jeder Deutsche kennt in seinem nächsten Kreis Beispiele von Vätern und Müttern, die nichts mehr im Leben hatten als die Hoffnung auf ein Wiedersehen mit ihren Kindern, und die nun nicht mehr da sein werden, wenn die Söhne wiederkommen. Ich bin mir bewußt, daß diese Leiden keinem kriegführenden Volke erspart geblieben sind, aber für die siegreichen Völker endeten sie mit dem Kriege, während sie für Deutschland willkürlich verlängert werden. Ein Jahr nach dem Waffenstillstand und sechs Monate nach der Friedensunterzeichnung.

Ich weiß mir keinen anderen Rat, als mich an einen Führer der Christenheit in Feindesland zu wenden. Alle anderen Mittel haben versagt. Es gibt keine Macht auf Erden, die Recht und Billigkeit im internationalen Leben erzwingen könnte, seit durch den Ausgang des Krieges das europäische Gleichgewicht zerstört ist und der versprochene Völkerbund nicht an seine Stelle gesetzt wurde. Es ist der furchtbare Zustand eingetreten, daß es nur eine Mächtegruppe gibt und sie glaubt, nichts fürchten und nichts achten zu brauchen. Was die Neutralen im Herzen denken, kann die Situation nicht ändern. Nur die öffentliche Meinung in den Ententeländern kann helfen...

Man sagt mir, daß das Gewissen des englischen Volkes heute die Blockade verurteilt, die nach Abschluß der Feindseligkeiten gegen das deutsche Volk aufrecht erhalten wurde. Die Gefangenen, die heute in Frankreich leiden, sind ebenso wehrlos wie die deutschen Frauen und Kinder, die während der Waffenstillstandsperiode getötet wurden.

Indem ich mich an Sie, Herr Erzbischof, wende, möchte ich gleichzeitig an die englischen Soldaten appellieren, die aus deutscher Gefangenschaft zurückgekehrt sind. Ich denke besonders an diejenigen, die während des Krieges ausgetauscht worden sind und deren Glück ich mit ansehen durfte."

Worauf ich die Antwort erhielt:

Old Palace, Canterbury, 23. Dezember 1919.

"Eurer Großherzoglichen Hoheit bestätige ich den Empfang des wichtigen Schreibens in der sorgenvollen, wichtigen Angelegenheit der Lage der deutschen Gefangenen, die sich noch in Frankreich befinden. Ich habe eine Abschrift von Ihnen selbst und eine zweite durch Ihre Königliche Hoheit die Kronprinzessin von Schweden erhalten. Ich habe mich nach Empfang Ihres Schreibens mit Lord Curzon, dem Staatssekretär des Auswärtigen, in Verbindung gesetzt und mit ihm die Sache besprochen. Lord Curzon wies auf das hin, was ja in der Tat ganz klar ist, daß nämlich diese Angelegenheit unter die Verantwortlichkeit der französischen Regierung fällt. Er hält es offenbar für durchaus falsch, daß die englische Regierung sich in eine Angelegenheit mischt, die außerhalb ihrer Zuständigkeit liegt. Wenn das für die Regierung Seiner Majestät gilt, so gilt es nicht weniger ausdrücklich für die kirchlichen Autoritäten unseres Landes. Vorschläge, die wir von kirchlicher Seite der französischen Regierung machten, würden, wie ich fürchte, als ziemlich unverantwortlich angesehen werden..."

Diese restlose Kapitulation des Christentums vor der Staatsräson ist um so furchtbarer, weil sie durch den Mund eines Mannes verkündet wird, der persönlich ein wahrhaft edler Christ ist und die größte Macht in der anglikanischen Kirche hat.

Das dritte Ziel: Wie bringen wir das deutsche Wort zu Ehren?

Auch hier müssen wir in der Vergangenheit aufräumen und unsere Losung hat wieder zu sein: Unhaltbare Positionen zu räumen, um die Plattform zum Angriff zu gewinnen. Da steht an erster Stelle die belgische Frage, die „Schicksalsfrage" für Deutschland, wie sie Schwertfeger mit Recht nennt. Wir müssen uns hier vor allem davor hüten, daß wir nicht wieder in die Beschönigungspropaganda der ersten Kriegsjahre fallen und von dem Vertragsbruch an Belgien so sprechen, als sei es gewissermaßen eine Impertinenz eines kleinen Volkes, sich den Lebensnotwendigkeiten des großen Nachbarn zu widersetzen, um sein bißchen Recht zu schützen. Wenn wir die belgische Frage behandeln, müssen wir den Ton des staatsmännischen Ernstes finden, den Bismarck anschlug, als er erklärte, Deutschland werde niemals einen großen europäischen Krieg mit einem Vertragsbruch anfangen. Trotz manchen Konzessionen an die sogenannte „Realpolitik" lag Bismarck das Worthalten, einmal persönlich als preußischem Edelmann, sodann als Staatsmann, der die moralischen Imponderabilien richtig einschätzte, die so oft in einem Kriege über Sieg und Niederlage entscheiden.

Die Anklage des Vertragsbruchs trifft uns schwer, aber wir müssen sie von dem Propagandanebel der Entente befreien und auf ihr normales Maß zurückführen. Dazu ist das beste Mittel, den Bruch des Vertrages der 14 Punkte immer wieder an den Pranger zu stellen und mit dem Bruch der belgischen Neutralität zu vergleichen. Wir brachen den Vertrag in höchster Not, einen Vertrag, der uns zwar band, den aber eine andere Generation geschlossen hatte. Wilson brach einen Vertrag, für den er sich mit dem Pathos eines Propheten selbst eingesetzt hatte und dessen bedingungslose Annahme er von uns verlangt hatte. Engländer und Amerikaner werden heute von Gedächtnisschwäche befallen, wenn man ihnen von den 14 Punkten spricht. Darum darf kein Tag vergehen, wo sie nicht daran gemahnt werden. Die deutsche Delegation in Versailles hat hier wiederum einen guten Anfang gemacht. In der Note vom 24. Mai 1919 an Clémenceau heißt es:

„Die deutsche Delegation möchte die Worte Eurer Exzellenz nicht dahin verstehen, daß die Zusage der alliierten und assoziierten Regierungen damals nur eine Kriegslist war, um den Widerstand des deutschen Volkes zu lähmen."

Das deutsche Verlangen nach Wiedergutmachung des Wortbruches wird am ehesten die Resonanz in Amerika finden, denn das amerikanische Volk ist fast ebenso betrogen worden wie das deutsche. Es ist kein Zweifel, daß die amerikanische Nation in der festen Überzeugung Krieg geführt hat, es handle sich um die Durchsetzung der von ihrem Präsidenten verkündeten Ideale. Meine Gesinnungsgenossen und ich haben deshalb jede Gelegenheit benutzt, die sich bot, um das amerikanische Volk an das große Unrecht zu mahnen. Als Beispiel setze ich her, was ich einem amerikanischen Korrespondenten sagte, der mich um eine Äußerung zum Präsidentenwechsel bat:

„Der Präsident der Vereinigten Staaten hatte im Jahre 1916 als Vorbedingung für einen Rechtsfrieden genannt: Keinen Sieg (No victory). Nur wenn die Staatsmänner an den Verhandlungstisch traten, beide Armeen unbesiegt, mit Generalen, die nur widerstrebend den Kampf abbrachen, nur dann konnte auf nationale Selbstbeherrschung gerechnet werden.

Amerika hat diesen Frieden ohne Sieg vereitelt und der einen Seite den Sieg gebracht. Das durfte es nur, wenn es sich die Kraft zutraute, den Mißbrauch des Sieges zu verhindern. Der Präsident verpfändete sein feierliches Wort, daß sein Volk sich nicht vom Siegesfieber vom Weg des Rechts abdrängen lassen würde.

In Versailles war der Augenblick, dieses Wort einzulösen. Amerika aber hat den Kampf gegen die Knockout-Politiker verloren. But she did not go down with her flags flying. Der Präsident desertierte zu seinen Gegnern und nannte die größte Verhöhnung seiner Grundsätze einen Frieden des Rechts.

Die Namen englischer und amerikanischer Philanthropen werden von Hunderttausenden von Blockadeopfern gesegnet, die ohne sie verkommen wären, aber es ist Gefahr, daß diese Werke der Menschenliebe das Gewissen des amerikanischen Volkes einschläfern, und dieses Gewissen muß aufstehen, soll Europa vor dem Zusammenbruch gerettet werden. Eine Analogie sei mir erlaubt: Ein Tyrann hat für seine Gegner ein grausames Gefängnis errichtet, worin sie zugrunde gehen müssen. Einige seiner Kinder kommen als tapfere Samariter und lindern und helfen, wie sie können. Rettung für die Opfer des Tyrannen und Rettung für seine eigene Seele aber kann nur werden, wenn das Verließ zertrümmert wird, in dem Menschen nicht leben können.

Amerika hat an dem furchtbaren Gefängnis, das das heutige Mitteleuropa geworden ist, mitgebaut, in dem ganze Völker in Ketten und Elend schmachten, ganze Völker, die ebenso wie das amerikanische mit dem Recht geboren sind auf Leben, Freiheit und Streben nach Glück.

Ich habe das Recht, das amerikanische Volk an den Vertrag der 14 Punkte zu mahnen; denn mit mir ist er geschlossen und dem deutschen Volk ist er gebrochen worden."

Wichtiger aber als der Kampf um Recht und Unrecht der Vergangenheit ist heute die Aufklärung über die Tatbestände der Gegenwart. Es handelt sich hier um die drängende Aufgabe, die wahren Angaben, welche die deutsche Regierung bei ihren kritischen Verhandlungen mit der Entente macht, in der Öffentlichkeit so zu stützen, daß sie Glauben finden. Immer wieder gelang es den Feinden, im gegebenen Augenblick eine Lüge zu lancieren, sei es im Moment der Krisis, sei es vorbereitend schon Wochen vorher, kraft deren die Deutschen ins Unrecht gesetzt wurden. Ich greife einen typischen Fall heraus.

Ohne Zweifel wäre der Abbruch der Londoner Konferenz nicht so widerspruchslos hingenommen worden, wenn nicht

Lloyd George bereits wochenlang vorher in seiner Birminghamer Rede erklärt hätte, daß Deutschland sich weniger besteuere als England und Frankreich, und daß es nicht anginge, wenn der schuldige Besiegte weniger litte als der unschuldige Sieger. Diese Unwahrheit wurde zum Stichwort für die gesamte chauvinistische Presse. Ich sprach einem einsichtigen Engländer gegenüber meine Entrüstung über diese unerhörte Irreführung aus, worauf ich die Antwort erhielt:

„Sie ahnen nicht, wie restlos sie gelungen ist. Ihre Regierung ist aber schuld, sie hat nicht vor den Verhandlungen für die rechtzeitige Aufklärung unserer öffentlichen Meinung gesorgt." Sodann zitierte er mir aus dem Brief eines der berühmten früheren englischen Staatsmänner eine Äußerung, aus der hervorging, wie gründlich auch dieser liberale Mann auf Lloyd Georges Trugschlüsse hineingefallen war. Ich erwiderte: „Unsere Regierung legt eben weniger Gewicht auf die öffentliche Meinung, als auf die Überzeugung der sachverständigen Unterhändler, denen sie ja reichliches Material gegeben hatte. Sie mußten Bescheid wissen," worauf der Engländer mir entgegnete: „Deutschland kann es sich nicht leisten, noch länger die öffentliche Meinung in England zu ignorieren."

So wird über jedes Gebiet des Versailler Friedens, auf dem es der englischen Regierung bequem ist, die öffentliche Kritik zu vermeiden, für den wahren Tatbestand ein gefälschter präsentiert, der sich dann bei der Schwächlichkeit der deutschen Gegenmaßnahmen fast immer behauptet. Es ist die ständige Klage derer, die sich in England um die Wahrheit bemühen, daß sie das nötige Kampfmaterial von Deutschland nicht bekommen können, um die Lüge abzuwehren.

Hier muß Wandel geschaffen werden. Tatsächlich konnte im englischen Parlament geleugnet werden, daß im Rheinland noch schwarze Truppen sich befänden, und im jetzigen Augenblick ist Lord Northcliffe an der Arbeit, den französischen Lügen über die deutsche Gefahr in Oberschlesien vorfichtig, aber zielbewußt in der englischen Öffentlichkeit Eingang zu verschaffen. Zunächst sind es nur kommentarlos abgedruckte Depeschen des Pariser Korrespondenten, aber ich zweifle nicht daran, daß die entsprechenden Leitartikel in Vorbereitung sind.

Wir können getrost sagen: Wäre bereits heute eine Organisation, wie wir sie im Auge haben, an der Arbeit, mit dem Netz von Vertrauensleuten an allen gefährdeten Punkten Deutschlands, so könnte sie es durch ihre angesehenen Mitglieder unternehmen, den Kampf gegen Lord Northcliffe und die Franzosen in der englischen Öffentlichkeit aufzunehmen. Wie die Dinge liegen, gelingt es den Hetzern, die deutschen Nachrichten aus Oberschlesien als nationalistische und Revanchepropaganda zu entwerten.

Eine andere lebenswichtige Aufgabe wird dem Institut, und zwar hauptsächlich den führenden Sachverständigen der Landwirtschaft, der Industrie und der Finanz obliegen. Sie müssen als unermüdliche Wächter dem deutschen Volke in den kommenden schweren Zeiten vorsorgend und warnend zur Seite stehen.

Wir haben ein Ultimatum unterschrieben — und wir hatten keine andere Wahl, denn es war die letzte Möglichkeit, Oberschlesien und das Ruhrgebiet zu retten —, ein Ultimatum, von dem ein großer Teil der besten Kenner unserer Wirtschaftsverhältnisse überzeugt waren, daß wir es nicht erfüllen können. Seitdem hat sich unsere Lage noch wesentlich verschlimmert, hauptsächlich durch die Auswirkung der nicht aufgehobenen Sanktionen. Das Wagnis der deutschen Regierung ist demnach außerordentlich groß, ja, es ist lebensgefährlich für das deutsche Volk. Vielleicht gelingt es ihr, die ersten Raten notdürftig zusammenzuscharren. Es kann aber auch bald der Augenblick kommen, wo der Versuch, zu leisten, was wir versprochen haben, den wirtschaftlichen Zusammenbruch bedeutet.

Es kommt nun alles darauf an, daß die deutsche Regierung das große Nein auszusprechen wagt, ehe die Tatsachen es für sie sprechen, Tatsachen, die sich durch kein Ultimatum der Entente einschüchtern lassen. Wenn wir warten, bis die Tatsachen die Entente von der Unmöglichkeit ihrer Forderungen überzeugen, so wäre es, als ob man ein Kind ins Wasser wirft, um zu beweisen, daß es nicht schwimmen kann. Darum ist es die große Aufgabe der Führer von Handel und Industrie, die Wirkung der Versuche, alle unsere Verpflichtungen zu erfüllen, fortlaufend und auf allen Gebieten zu beobachten und rechtzeitig das Notsignal zu geben, wenn die Maßnahmen zur Eintreibung der Schuld so tief einschneiden, daß das Volk daran verbluten muß. Es wird ihnen obliegen, die große Weigerung vorzubereiten, mit der die Regierung vielleicht einmal eingestehen muß, daß ihr die loyal versuchte Erfüllung nicht gelingt. Unser Nein darf nicht wieder auf eine irregeführte öffentliche Meinung in Feindesland treffen. Unsere guten Gründe dürfen nicht erst im Augenblick von Verhandlungen vorgebracht werden, wenn niemand mehr Zeit hat, sie zu prüfen. Die Diskussion in der Presse, vor allem aber in der ausländischen Presse, muß bereits so rechtzeitig im Gang sein, daß die Gegenargumente der Feinde, die auf ihr Publikum gut berechnet zu sein pflegen, noch herausgeholt und widerlegt werden können. Es darf keine Zeit verloren werden; möglich, daß die Leistungsfähigkeit der deutschen Arbeit unsere Erwartungen übersteigt; aber der Zeitpunkt kann auch über Nacht da sein, wo das deutsche Volk nicht mehr kann.

Wird es dann wieder heißen: Deutschland stellt sich tot? Bei allen finanziellen Verhandlungen mit der Entente waren es bisher immer zwei Fragen, über die keine Einigung möglich war: Die eine: Was hat Deutschland bereits gezahlt. Die andere: Was kann Deutschland zahlen. Tatsachenfragen, die der gute Wille sachlich lösen könnte. Dieser aber ist nicht vorhanden, da die französische Politik Versäumnisse und Vertragsbrüche Deutschlands braucht, um auf dem Wege der Sanktionen das zu erreichen, worauf sie in Versailles widerwillig und nur äußerlich verzichtet hat. Unsere Sache ist verloren, wenn wir weiter der willkürlichen Bewertung unserer Sachleistungen und Zahlungsfähigkeit unterworfen bleiben, ohne die Möglichkeit, an eine unparteiische Instanz zu appellieren.

Es wäre natürlich die einzige gerechte Lösung, wenn wir und unsere Vertragsgegner uns darauf einigten, daß ein unparteiisches Schiedsgericht diese beiden Fragen fortlaufend prüfte und beide Parteien seinen Spruch im voraus als bindend anerkennen würden. Darauf ist im gegenwärtigen Augenblick nicht zu rechnen. Unser Institut könnte einen wertvollen Ersatz schaffen. Es könnte dank den Verbindungen seiner finanziellen und wirtschaftlichen Sachverständigen dafür sorgen, daß unparteiische Gutachten der Öffentlichkeit vorliegen und in sachverständigen Kreisen des Auslandes gewürdigt werden, ehe die Entente sie mit einem Diktat entscheidet.

Selbst Frankreich kann für seine Gewaltpolitik der öffentlichen Lüge nicht entbehren. Wir aber können sie zerbrechen.

Die Sorge vor dem wirtschaftlichen Niederbruch ist sehr weit verbreitet. Die Sozialdemokratie tut ein schweres Unrecht, wenn sie überall, wo sie ihr begegnet, von Steuerscheu und mangelnder Opferwilligkeit der Besitzenden redet. Wenn unsere Ausfuhr behindert wird, unsere Industrie ihr Betriebskapital verliert oder in ausländische Hände gibt, deren Konkurrenzinteresse es sein kann, diese stillzulegen, dann wird der Arbeiter noch mehr getroffen als der einstige Besitzer. Freilich wird die Vaterlandsliebe von allen deutschen Erwerbszweigen verlangen, daß sie nicht nur ihr Äußerstes zur Aufbringung der Schuldsumme tun, sondern auch ihre ganze Intelligenz muß aufgeboten werden, Wege zu finden, auf denen dies ohne Vernichtung des Wirtschaftslebens möglich ist. Dann wird auch ihre Stimme Gehör finden, wenn sie schließlich sagen: es geht nicht.

Ich komme zum Schluß. „Das Institut für Auswärtige Angelegenheiten" müßte eine lautere Informationsquelle für die europäischen Tatbestände werden: Allenthalben stehen Empfänger für aufklärende Wahrheiten bereit. Es wird heute wieder lebendig in den Kampforganisationen gegen den Versailler Frieden, die sich in den verschiedenen Ländern finden. Der Ruf nach Nachrichtenaustausch und gegenseitiger Beratung und Unterstützung ist allgemein.

Man streitet, ob der gegenwärtige Völkerbund Lebensberechtigung hat und ob er einer Umwandlung fähig ist. Es werden noch Jahrzehnte vergehen, bis man hierüber klarsehen kann. In jedem Falle aber kann er heute nicht die rettende Rolle spielen, die ihm von seinen aufrichtigen Mitgliedern zugedacht ist. Er ist heute hilflos infolge seiner Entstehung und Zusammensetzung. Europas Not aber schreit nach erster Hilfe.

Die verschiedenen Zentren des europäischen Gewissens können sie leisten, wenn sie zusammenarbeiten. Sie können eine der wichtigsten Funktionen des Völkerbundes annektieren, ehe er da ist und ehe er da sein kann. Das ist die Zerstörung der internationalen öffentlichen Lügen und Verleumdungen. Erstens der Grundlügen, die normale Beziehungen zwischen den Völkern verhindern; zweitens der wechselnden Tageslügen, die je nach Bedarf den Völkern hingeworfen werden.

Ich glaube, daß der Augenblick noch nie so günstig war, die große deutsche Kampforganisation für unser Recht zu schaffen. Die Regierung ist gelähmt, und die öffentliche Meinung ist zum Gefühl ihrer Verantwortung erwacht. Es fragt sich, ob diese Stimmung in nutzloser Deklamation verpuffen soll oder zu politischen Taten führt. Die Beantwortung dieser Frage hängt von der Privatinitiative ab. Zunächst handelt es sich darum, die materielle Grundlage zu schaffen. Aber wir brauchen mehr. Wir brauchen von den Besten große Opfer an Kraft und Zeit.

Ebenfalls im SEVERUS Verlag erhältlich:

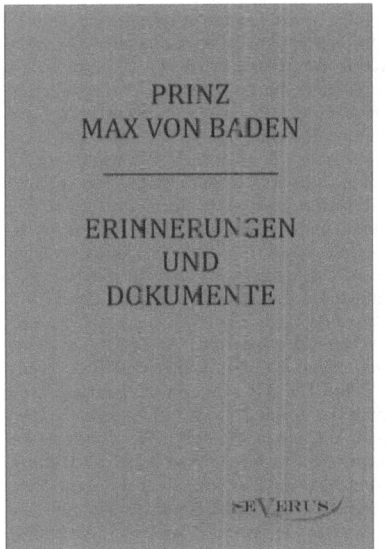

Max von Baden
Erinnerungen und Dokumente
SEVERUS 2011 / 708 S. / 74,50 Euro
ISBN 978-3-85347-110-1

Prinz Max von Baden war im Oktober und November 1918 der letzte Reichskanzler des Deutschen Reichs.

Von Badens Bemühungen für die gerechte Behandlung von Kriegsgefangenen bescherte ihm bereits vor seiner Amtszeit internationale Reputation und ließ ihn des Amtes würdig erscheinen. Während seiner Zeit als Reichskanzler fiel von Baden vor allem durch sein Engagement für friedliche Zustände auf; so übermittelte er das deutsche Waffenstillstandsgesuch und beendete den U-Bootkrieg, um die Alliierten von der Aufrichtigkeit der deutschen Friedensbemühungen zu überzeugen.
Mit dem vorliegenden Werk liefert von Baden einen dramatischen wie präzisen Zeitzeugenbericht des 1. Weltkriegs. Dabei entwickelt seine minutiöse Aufzeichnung einzelner Abläufe und Relationen einen Sog, der dem Leser neben dem tieferen Verständnis der Voraussetzungen für von Badens Handeln reizvolle und spannende Lektüre bietet.

www.severus-verlag.de

Bisher im SEVERUS Verlag erschienen:

Achelis. Th. Die Entwicklung der Ehe * Die Religionen der Naturvölker im Umriß, Reihe ReligioSus Band V * **Andreas-Salomé, Lou** Rainer Maria Rilke * **Arenz, Karl** Die Entdeckungsreisen in Nord- und Mittelafrika von Richardson, Overweg, Barth und Vogel * **Aretz, Gertrude (Hrsg)** Napoleon I - Briefe an Frauen * **Ashburn, P.M** The ranks of death. A Medical History of the Conquest of America * **Avenarius, Richard** Kritik der reinen Erfahrung * Kritik der reinen Erfahrung, Zweiter Teil * **Beneke, Otto** Von unehrlichen Leuten: Kulturhistorische Studien und Geschichten aus vergangenen Tagen deutscher Gewerbe und Dienste * **Berneker, Erich** Graf Leo Tolstoi * **Bernstorff, Graf Johann Heinrich** Erinnerungen und Briefe * **Bie, Oscar** Franz Schubert - Sein Leben und sein Werk * **Binder, Julius** Grundlegung zur Rechtsphilosophie. Mit einem Extratext zur Rechtsphilosophie Hegels * **Bliedner, Arno** Schiller. Eine pädagogische Studie * **Birt, Theodor** Frauen der Antike * **Blümner, Hugo** Fahrendes Volk im Altertum * **Boos, Heinrich** Geschichte der Freimaurerei. Ein Beitrag zur Kultur- und Literatur-Geschichte des 18. Jahrhunderts * **Brahm, Otto** Das deutsche Ritterdrama des achtzehnten Jahrhunderts: Studien über Joseph August von Törring, seine Vorgänger und Nachfolger * **Brandes, Georg** Moderne Geister: Literarische Bildnisse aus dem 19. Jahrhundert. * **Braun, Lily** Lebenssucher * **Braun, Ferdinand** Drahtlose Telegraphie durch Wasser und Luft * **Brunnemann, Karl** Maximilian Robespierre - Ein Lebensbild nach zum Teil noch unbenutzten Quellen * **Büdinger, Max** Don Carlos Haft und Tod insbesondere nach den Auffassungen seiner Familie * **Burkamp, Wilhelm** Wirklichkeit und Sinn. Die objektive Gewordenheit des Sinns in der sinnfreien Wirklichkeit * **Caemmerer, Rudolf Karl Fritz Die** Entwicklung der strategischen Wissenschaft im 19. Jahrhundert * **Casper, Johann Ludwig** Handbuch der gerichtlich-medizinischen Leichen-Diagnostik: Thanatologischer Teil, Bd. 1 * Bd. 2 * **Cronau, Rudolf** Drei Jahrhunderte deutschen Lebens in Amerika. Eine Geschichte der Deutschen in den Vereinigten Staaten * **Cunow, Heinrich** Geschichte und Kultur des Inkareiches * **Cushing, Harvey** The life of Sir William Osler, Volume 1 * The life of Sir William Osler, Volume 2 * **Dahlke, Paul** Buddhismus als Religion und Moral, Reihe ReligioSus Band IV * **Dühren, Eugen** Der Marquis de Sade und seine Zeit. in Beitrag zur Kultur- und Sittengeschichte des 18. Jahrhunderts. Mit besonderer Beziehung auf die Lehre von der Psychopathia Sexualis * **Eckstein, Friedrich** Alte, unnennbare Tage. Erinnerungen aus siebzig Lehr- und Wanderjahren * Erinnerungen an Anton Bruckner * **Eiselsberg, Anton Freiherr von** Lebensweg eines Chirurgen * **Eloesser, Arthur** Thomas Mann - sein Leben und Werk * **Elsenhans, Theodor** Fries und Kant. Ein Beitrag zur Geschichte und zur systematischen Grundlegung der Erkenntnistheorie. * **Engel, Eduard** Shakespeare * Lord Byron. Eine Autobiographie nach Tagebüchern und Briefen. * **Ewald, Oscar** Nietzsches Lehre in ihren Grundbegriffen * Die französische Aufklärungsphilosophie * **Ferenczi, Sandor** Hysterie und Pathoneurosen * **Fichte, Immanuel Hermann** Die Idee der Persönlichkeit und der individuellen Fortdauer * **Fourier, Jean Baptiste Joseph Baron** Die Auflösung der bestimmten Gleichungen * **Frazer, James George** Totemism and Exogamy. A Treatise on Certain Early Forms of Superstition and Society * **Frey, Adolf** Albrecht von Haller und seine Bedeutung für die deutsche Literatur * **Frimmel, Theodor von** Beethoven Studien I. Beethovens äußere Erscheinung * Beethoven Studien II. Bausteine zu einer Lebensgeschichte des Meisters * **Fülleborn, Friedrich** Über eine medizinische Studienreise nach Panama, Westindien und den Vereinigten Staaten * **Gmelin, Johann Georg** Quousque? Beiträge zur soziologischen Rechtfindung * **Goette, Alexander** Holbeins Totentanz und seine Vorbilder * **Goldstein, Eugen** Canalstrahlen * **Graebner, Fritz** Das Weltbild der Primitiven: Eine Untersuchung der Urformen weltanschaulichen Denkens bei Naturvölkern * **Griesinger, Wilhelm** Handbuch der speciellen Pathologie und Therapie: Infectionskrankheiten * **Griesser, Luitpold** Nietzsche und Wagner - neue Beiträge zur Geschichte und Psychologie ihrer Freundschaft * **Hanstein, Adalbert von** Die Frauen in der Geschichte des Deutschen Geisteslebens des 18. und 19. Jahrhunderts * **Hartmann, Franz** Die Medizin des Theophrastus Paracelsus von Hohenheim * **Heller, August** Geschichte der Physik von Aristoteles bis auf die neueste Zeit. Bd. 1: Von Aristoteles bis Galilei * **Helmholtz, Hermann von** Reden und Vorträge, Bd. 1 * Reden und Vorträge, Bd. 2 * **Henker, Otto** Einführung in die Brillenlehre * **Henne am Rhyn, Otto** Aus Loge und Welt: Freimaurerische und kulturgeschichtliche Aufsätze * **Jahn, Ulrich** Die deutschen Opfergebräuche bei Ackerbau und Viehzucht. Ein Beitrag zur Deutschen Mythologie und Altertumskunde * **Kalkoff, Paul** Ulrich von Hutten und die Reformation. Eine kritische Geschichte seiner wichtigsten Lebenszeit und der Ent-

www.severus-verlag.de

scheidungsjahre der Reformation (1517 - 1523), Reihe ReligioSus Band I * **Kaufmann, Max** Heines Liebesleben * **Kautsky, Karl** Terrorismus und Kommunismus: Ein Beitrag zur Naturgeschichte der Revolution * **Kerschensteiner, Georg** Theorie der Bildung * **Kotelmann, Ludwig** Gesundheitspflege im Mittelalter. Kulturgeschichtliche Studien nach Predigten des 13., 14. und 15. Jahrhunderts * **Klein, Wilhelm** Geschichte der Griechischen Kunst - Erster Band: Die Griechische Kunst bis Myron * **Krömeke, Franz** Friedrich Wilhelm Sertürner - Entdecker des Morphiums * **Külz, Ludwig** Tropenarzt im afrikanischen Busch * **Leimbach, Karl Alexander** Untersuchungen über die verschiedenen Moralsysteme * **Liliencron, Rochus von / Müllenhoff, Karl** Zur Runenlehre. Zwei Abhandlungen * **Mach, Ernst** Die Principien der Wärmelehre * **Mackenzie, William Leslie** Health and Disease * **Maurer, Konrad** Island von seiner ersten Entdeckung bis zum Untergange des Freistaats * **Mausbach, Joseph** Die Ethik des heiligen Augustinus. Erster Band: Die sittliche Ordnung und ihre Grundlagen * **Mauthner, Fritz** Die drei Bilder der Welt - ein im sprachkritischen Versuch * **Meissner, Franz Hermann** Arnold Böcklin * **Meyer, Elard Hugo** Indogermanische Mythen, Bd. 1: Gandharven-Kentauren * **Müller, Adam** Versuche einer neuen Theorie des Geldes * **Müller, Conrad** Alexander von Humboldt und das Preußische Königshaus. Briefe aus den Jahren 1835-1857 * **Naumann, Friedrich** Freiheitskämpfe * **Oettingen, Arthur von** Die Schule der Physik * **Ossipow, Nikolai** Tolstois Kindheitserinnerungen. Ein Beitrag zu Freuds Libidotheorie * **Ostwald, Wilhelm** Erfinder und Entdecker * **Peters, Carl** Die deutsche Emin-Pascha-Expedition * **Poetter, Friedrich Christoph** Logik * **Popken, Minna** Im Kampf um die Welt des Lichts. Lebenserinnerungen und Bekenntnisse einer Ärztin * **Prutz, Hans** Neue Studien zur Geschichte der Jungfrau von Orléans * **Rank, Otto** Psychoanalytische Beiträge zur Mythenforschung. Gesammelte Studien aus den Jahren 1912 bis 1914. * **Ree, Paul Johannes** Peter Candid * **Rohr, Moritz von** Joseph Fraunhofers Leben, Leistungen und Wirksamkeit * **Rubinstein, Susanna** Ein individualistischer Pessimist: Beitrag zur Würdigung Philipp Mainländers * Eine Trias von Willensmetaphysikern: Populär-philosophische Essays * **Sachs, Eva** Die fünf platonischen Körper: Zur Geschichte der Mathematik und der Elementenlehre Platons und der Pythagoreer * **Scheidemann, Philipp** Memoiren eines Sozialdemokraten, Erster Band * Memoiren eines Sozialdemokraten, Zweiter Band * **Schleich, Carl Ludwig** Erinnerungen an Strindberg nebst Nachrufen für Ehrlich und von Bergmann * Das Ich und die Dämonien * **Schlösser, Rudolf** Rameaus Neffe - Studien und Untersuchungen zur Einführung in Goethes Übersetzung des Diderctschen Dialogs * **Schweitzer, Christoph** Reise nach Java und Ceylon (1675-1682). Reisebeschreibungen von deutschen Beamten und Kriegsleuten im Dienst der niederländischen West- und Ostindischen Kompagnien 1602 - 1797. * **Schweitzer, Philipp** Island - Land und Leute * **Sommerlad, Theo** Die soziale Wirksamkeit der Hohenzollern * **Stein, Heinrich von** Giordano Bruno. Gedanken über seine Lehre und sein Leben * **Strache, Hans** Der Eklektizismus des Antiochus von Askalon * **Sulger-Gebing, Emil** Goethe und Dante * **Thiersch, Hermann** Ludwig I von Bayern und die Georgia Augusta * Pro Samothrake * **Tyndall, John** Die Wärme betrachtet als eine Art der Bewegung, Bd. 1 * Die Wärme betrachtet als eine Art der Bewegung, Bd. 2 * **Virchow, Rudolf** Vier Reden über Leben und Kranksein * **Vollmann, Franz** Über das Verhältnis der späteren Stoa zur Sklaverei im römischen Reiche * **Volkmer, Franz** Das Verhältnis von Geist und Körper im Menschen (Seele und Leib) nach Cartesius * **Wachsmuth, Curt** Das alte Griechenland im neuen * **Weber, Paul** Beiträge zu Dürers Weltanschauung * **Wecklein, Nikolaus** Textkritische Studien zu den griechischen Tragikern * **Weinhold, Karl** Die heidnische Totenbestattung in Deutschland * **Wellhausen, Julius** Israelitische und Jüdische Geschichte, Reihe ReligioSus Band VI * **Wellmann, Max** Die pneumatische Schule bis auf Archigenes - in ihrer Entwickelung dargestellt * **Wernher, Adolf** Die Bestattung der Toten in Bezug auf Hygiene, geschichtliche Entwicklung und gesetzliche Bestimmungen * **Weygandt, Wilhelm** Abnorme Charaktere in der dramatischen Literatur. Shakespeare - Goethe - Ibsen - Gerhart Hauptmann * **Wlassak, Moriz** Zum römischen Provinzialprozeß * **Wulffen, Erich** Kriminalpädagogik: Ein Erziehungsbuch * **Wundt, Wilhelm** Reden und Aufsätze * **Zallinger, Otto** Die Ringgaben bei der Heirat und das Zusammengeben in mittelalterlich-deutschem Recht * **Zoozmann, Richard** Hans Sachs und die Reformation - In Gedichten und Prosastücken, Reihe ReligioSus Band III

www.severus-verlag.de

www.ingramcontent.com/pod-product-compliance
Lightning Source LLC
Chambersburg PA
CBHW032106300426
44116CB00007B/902